OS ESTÓICOS I

Zenão • Cleantes • Crisipo

COLEÇÃO

FIGURAS DO SABER

dirigida por
Richard Zrehen

Títulos publicados

1. *Kierkegaard*, de Charles Le Blanc
2. *Nietzsche*, de Richard Beardsworth
3. *Deleuze*, de Alberto Gualandi
4. *Maimônides*, de Gérard Haddad
5. *Espinosa*, de André Scala
6. *Foucault*, de Pierre Billouet
7. *Darwin*, de Charles Lenay
8. *Wittgenstein*, de François Schmitz
9. *Kant*, de Denis Thouard
10. *Locke*, de Alexis Tadié
11. *D'Alembert*, de Michel Paty
12. *Hegel*, de Benoît Timmermans
13. *Lacan*, de Alain Vanier
14. *Flávio Josefo*, de Denis Lamour
15. *Averróis*, de Ali Benmakhlouf.
16. *Husserl*, de Jean-Michel Salanskis
17. *Os estóicos I*, de Frédérique Ildefonse
18. *Freud*, de Patrick Landman
19. *Lyotard*, de Alberto Gualandi

OS ESTÓICOS I

Zenão • Cleantes • Crisipo

FRÉDÉRIQUE ILDEFONSE

Tradução
Mauro Pinheiro

Revisão técnica
Tadeu Mazzola Verza
Universidade Federal da Bahia

Estação Liberdade

FIGURAS DO SABER

Título original francês: *Les Stoïciens I*

Preparação de texto e revisão Tulio Kawata
Projeto gráfico Edilberto Fernando Verza
Composição Nobuca Rachi
Capa Natanael Longo de Oliveira
Editor-adjunto Heitor Ferraz
Editor responsável Angel Bojadsen

CIP-BRASIL. CATALOGAÇÃO-NA-FONTE
Sindicato Nacional dos Editores de Livros, RJ.

I29e
v.1

Ildefonse, Frédérique
Os estóicos I/ Frédérique Ildefonse ; tradução Mauro Pinheiro. – São Paulo : Estação Liberdade, 2007
200p. – (Figuras do saber ; 17)

Tradução de: Les stoïciens I
Inclui bibliografia
ISBN 978-85-7448-124-1

1. Estóicos. 2. Filosofia.
I. Título. II. Série.

06-4265. CDD 188
CDU 141

Editora Estação Liberdade Ltda.
Rua Dona Elisa, 116 • 01155-030 • São Paulo – SP
Tel.: (11) 3661-2881 Fax: (11) 3825-4239
e-mail: editora@estacaoliberdade.com.br
http://www.estacaoliberdade.com.br

Agradeço a Suzanne Doppelt,
sem a qual este não livro não existiria.

Agradeço a Jacques Brunschwig
por sua ajuda prestimosa e seus conselhos.

Agradeço a Richard Zrehen
por sua confiança.

Sumário

Cronologia

353[1] Início das conquistas de Filipe II, rei da Macedônia.

351 Demóstenes, a Primeira Filípica.

347-346 Morte de Platão. A guerra da conquista empreendida por Filipe da Macedônia contra os atenienses continua fazendo estragos.

343 Aristóteles é encarregado por Filipe de educar o futuro Alexandre, o Grande.

338 Batalha de Queronéia. Vitória de Filipe sobre os gregos; criação da liga de Corinto.

336 Assassinato de Filipe; ascensão de Alexandre na Macedônia.

335 De volta a Atenas, Aristóteles funda uma nova escola no Liceu.

c. 334 Nascimento de Zenão, filho de Manasses ou Démeas, em Cício, na ilha de Chipre.

331-330 Nascimento de Cleantes, filho de Fânias, originário de Asso, futuro sucessor de Zenão. Esquino, *Contra Ctesifonte*, e Demóstenes, *Oração da coroa*.

323 Morte de Alexandre; o partido nacional ateniense, ainda dirigido por Demóstenes, obriga Aristóteles a sair da cidade.

---

1. Todas as datas desta cronologia referem-se ao período antes de Cristo.

322	Morte de Aristóteles em Cálcis, para onde tinha se retirado. Morte de Demóstenes.
307-290	Zenão faz seus estudos em Atenas. Freqüenta as aulas do cínico Crates de Tebas; em seguida, estuda na Academia com Xenócrates, ao mesmo tempo que Arcesilau, e depois com seu sucessor, Pólemon, o Acadêmico. Estudou a dialética com o megárico Estílpon e, talvez, Diodoro Crono. Fundação da biblioteca de Alexandria.
277	Nascimento em Solunte, na Cilícia, de Crisipo, filho de Apolônio, de Solunte ou de Tarso.
262-261	Morte de Zenão, com 98 anos, segundo Apolônio de Tiro, ou, segundo Perseu, seu discípulo e servidor, com 72 anos. Cleantes toma seu lugar à frente da *Stoá*.
230-229	Morte de Cleantes. Crisipo o sucede.
212	Tomada de Siracusa pelos romanos.

Introdução

> Assim fala Crisipo no primeiro livro das *Proposições físicas:*
> "Não é verdade que a noite seja um corpo, mas que o anoitecer, a aurora e a meia-noite não o sejam; não é verdade que o dia seja um corpo e que o primeiro dia do mês, o décimo, o décimo quinto, o trigésimo não o sejam, o mês, o outono e o ano não o sejam."[1]

Uma filosofia irredutível à sua posteridade ética

Diz-se, com freqüência, que, da filosofia estóica, só extraímos a posteridade ética, resumida em algumas formas edificantes: "Seja estóico"; "Suporte e abstenha-se". De fato, o bem-sucedido "enxerto" do estoicismo sobre a tradição romana resultou em obras que marcaram profundamente a moral ocidental. É de uma determinada leitura e de uma determinada posteridade do estoicismo imperial, assim como da maneira como este se associa ao cristianismo, que decorre a representação do estoicismo como uma filosofia essencialmente ética, fundada na coragem, no domínio de si, na resistência à dor e na energia da

1. Plutarco, *De communibus notitiis adversus stoicos* [Sobre as concepções comuns contra os estóicos], XLV.

resignação. Algo herdado, por certo, das próprias palavras de Epicteto:

> Um estóico quer dizer um homem que, na doença, se acha feliz, que, moribundo, se acha feliz, que, desprezado e caluniado, se acha feliz![2]

Ora, a ética é apenas uma das três partes da filosofia estóica, que compreende uma física e uma lógica. O estoicismo, filosofia dominante da época helenística, realiza o primeiro projeto de uma filosofia *sistemática*. A doutrina estóica mostra-se ela mesma como uma totalidade orgânica, contínua, na qual todos os elementos são solidários: se movermos uma letra, escreveu Cícero, todo o edifício desaba.[3] Essa sistematicidade é também um princípio de circulação:

> O estoicismo passa, sem solução de continuidade, dos homens a Deus, das partes que compõem o mundo ao próprio mundo, ou seja, ao *systèma* que unifica os deuses e os homens.[4]

---

2. Epicteto, *Dissertationes ab Arriano digestae* [Discursos como recolhidos por Arriano], II, 19, 24.

3. Cícero, *De finibus bonorum et malorum* [Do sumo bem e do sumo mal], III, XXII, 74: "[...] Percebo que fui mais longe do que me exigia a questão proposta: é a disposição admirável da doutrina, a ordem inacreditável das idéias que me arrastou. [...] Na natureza, onde o arranjo e a disposição são perfeitos, nas obras feitas pela mão do homem, o que se pode encontrar de tão bem combinado, tão bem ajustado, tão solidamente reunido? Onde há uma seqüência que não se afina com a que a precede? Uma conseqüência que não corresponda à antecedente? O encadeamento não é ele tal que o deslocamento de uma única letra arruinaria tudo? E, no entanto, não existe nada que possa ser deslocado". [Ed. bras.: *Do sumo bem e do sumo mal*. Trad. Carlos Nougué, São Paulo, Martins Fontes, 2005.]

4. Victor Goldschmidt, *Le Système stoïcien et l'idée de temps*, Paris, Vrin, 1953.

Ela argumenta e permite deduzir, da lógica, traços comuns à física e à ética.

É o próprio projeto e o fundamento do projeto de tal sistematicidade que eu gostaria de examinar aqui.

Distinguem-se comumente três momentos históricos do estoicismo: o antigo (precisamente representado pelos três primeiros eruditos: Zenão, Cleantes e depois Crisipo); o médio (Panécio e Posidônio); e o imperial (Sêneca, Epicteto, Marco Aurélio). Jacques Brunschwig[5], por sua vez, propõe uma distinção entre três períodos: um período ateniense de início, que se estende até o final do século II a.C., em que o estoicismo é uma instituição estável, sucessivamente dirigida por eruditos oficialmente designados, cuja sede fica em Atenas, apesar de eles próprios não serem atenienses; os alunos chegam a Atenas vindos de Chipre, Ásia Menor, Oriente Médio; um segundo período, no qual o estoicismo abandona essa centralização ateniense: Panécio dirige um centro em Rodes, freqüentado por Posidônio de Apaméia (o primeiro ensinando também em Roma, e o segundo fazendo viagens científicas em volta do Mediterrâneo); o período do estoicismo romano, com Sêneca (4-65), que foi o preceptor de Nero, Epicteto (55-135) e Marco Aurélio (121-180). A filosofia estóica acaba por tocar, de maneira mais difusa, categorias sociais muito variadas, como atestam as duas personalidades emblemáticas que o representam: Epicteto, antigo escravo alforriado, que ensina em Nicópolis, cidade de Épiro; e Marco Aurélio, imperador.

5. Jacques Brunschwig, "Les Stoïciens", *in* Monique Canto-Sperber (dir.), *Philosophie grecque*, p. 513. Neste trabalho, existem várias referências aos comentários relativos ao antigo estoicismo e, entre eles, principalmente, à obra e interpretação de Émile Bréhier, de Jacques Brunschwig, de Gilles Deleuze, de Michael Frede, de Claude Imbert e de Victor Goldschmidt.

Tratarei aqui do estoicismo antigo, ou do período ateniense, quer dizer, do ensino do Pórtico – a *Stoá*, que se encontra na origem do termo "estóicos" e de "estoicismo" –, tal como foi dirigido por Zenão de Cício e seus sucessores, Cleantes, e depois Crisipo. Nossas fontes são extremamente lacunares: uma ironia do destino e da história quis que essa primeira filosofia sistemática, cujos autores eram freqüentemente prolixos – Crisipo, em especial –, só nos seja acessível sob a forma de fragmentos e testemunhos. Esse fato teve grande importância na influência posterior do estoicismo e a representação que dele se faz.

Do período que vai de Zenão a Posidônio (do qual quase nada nos resta), o único texto integral que ainda possuímos é o *Hino a Zeus*, de Cleantes. Além desse texto, sobraram somente fragmentos de extensão desigual, longas listas de títulos – resumos, atas, dos quais muitos devemos aos adversários dos protagonistas – que remetem com demasiada freqüência aos estóicos em geral (o que não facilita a tarefa). Encontramos testemunhos em obras integrais, principalmente: as *Acadêmicas*, os tratados *Sobre os deveres, Sobre o destino, Do sumo bem e do sumo mal, Sobre a natureza dos deuses*, de Cícero (196-43); os dois tratados polêmicos de Plutarco contra os estóicos: *Sobre as contradições dos estóicos* e *Sobre as concepções comuns contra os estóicos* (séculos I e II); os tratados do cético Sexto Empírico, em particular *Contra os homens de ciência* (século II); os tratados do médico e filósofo Galeno (quase contemporâneo do precedente); e sobretudo o livro VII de Diógenes Laércio, *Vidas dos filósofos* (séculos II e III).

Finalmente, dispomos de edições de fragmentos dos antigos estóicos: a edição de Von Arnim, *Stoicorum veterum fragmenta*, e, mais recente, a de Karlheinz Hülser, *Die Fragmente zur Dialektik der Stoiker*, e, de Long e Sedley,

Hellenistic Philosophers (diferentemente das duas obras precedentes, esta última é uma antologia).

Uma filosofia sistemática

Os estóicos mantêm unidos o mundo, a linguagem e a racionalidade. A inovação da sistematicidade, no entanto, não rompe com uma tradição literária, filosófica, mais amplamente cultural, abordada com grande consideração, dominada e revista, ou seja, apropriada. Os estóicos integram a suas doutrinas noções populares que podem ser, cientificamente, muito pouco elaboradas: médicas, como a do sopro vital (*pneuma*), religiosas, como a adivinhação.[6] Émile Bréhier[7] situa o desenvolvimento do antigo estoicismo, de Zenão a Crisipo, numa época em que os sucessores de Alexandre procuravam fundar um novo organismo político, o Estado, que superasse a multiplicidade e o caráter local das cidades. Enquanto estas últimas encontravam seus fundamentos nas tradições religiosas, o primeiro devia sua existência somente à vontade de seu dirigente e de seus sujeitos:

> Na noção de Estado, a razão plenamente consciente se opõe à tradição obscura [...] A missão que se deram os estóicos foi justamente a de tentar uma fusão, em todas as esferas do pensamento e da ação, entre os conceitos opostos, dos quais um representa a forma tradicional do pensamento e o outro o pensamento refletido e racional. Caso se mantivessem contradições como as da filosofia e da religião, da lei natural e da lei civil, do império universal e da cidade, elas poderiam tornar impossível a vida

6. Sobre as relações entre a adivinhação e a lógica, cf. p. 167.
7. Émile Bréhier, *Chrysippe & l'ancien stoïcisme*, Paris, PUF, 1910, reeditado em 1951, Introdução, p. 1-3.

> grega; e, por outro lado, nenhum de seus termos poderia, a partir daí, ceder ao outro.

Ora, a fundação e a inovação são menos invenções solitárias do que processos que, longe de romper absolutamente com o que precede, ocorrem modificando o arcaico.[8] Para responder a problemas particulares, a situações de crise nos saberes, a filosofia e mais geralmente os saberes podem operar por meio de inovações que, por sustentarem-se e fundarem-se a si próprias, se reconciliam com faces inteiras de um saber arcaico tornado obsoleto, no qual é possível encontrar uma garantia, reativando-o e reinventando-o para seus próprios fins. Não bastaria restringir-se a sublinhar que, diferente do desprezo que o epicurismo ostentava pela cultura tradicional, a inovação sistemática da filosofia estóica se extrai do fundo de uma tradição filosófica, literária e cultural; um dos fatores da própria sistematicidade está provavelmente associado à necessidade que os estóicos encontraram de conciliar e resolver as contradições que teriam, de outra forma, impedido o devir de sua filosofia.

Neste ensaio de exposição das doutrinas do antigo estoicismo, especificamente as de Zenão, Cleantes e Crisipo, tentarei aplicar e manter dois princípios de trabalho: de início, procurarei desnudar os pressupostos sobre os quais repousa o fundamento sistemático da filosofia estóica; em seguida, tentarei identificar os ascendentes históricos que decidem a maneira como os estóicos se inscrevem na continuidade de uma ou várias tradições anteriores, filosóficas ou culturais, ou a maneira como rompem com ela ou a modificam. Buscarei também esclarecer, no curto e no longo prazos, as incidências históricas dessa

8. Sobre esta questão em particular, ver, para a filosofia platônica, as análises de Henri Joly em *Le Renversement platonicien*, Paris, Vrin, 1974.

filosofia, cuja posteridade é irredutível a apenas sua posteridade ética, por mais real e considerável que esta seja.

Os homens

Zenão

Zenão, nascido por volta de 334 em Cício, na ilha de Chipre, é o fundador da escola estóica, que se encontrava na *Stoá poikilé*, ou Pórtico das Pinturas. Daí vem o nome de seus discípulos, chamados primeiramente de zenonianos, depois de estóicos.

Como seu pai, Manasses ou Démeas, ele teria se convertido à filosofia após um naufrágio, ocorrido perto do Pireu, no qual todo seu carregamento teria sido perdido. Segundo outras versões, ele teria se convertido após consultar o Oráculo de Delfos, ou depois de ter ouvido a leitura das *Memoráveis*, de Xenofonte, na loja de um livreiro de Atenas; ou ainda: tendo chegado à Grécia com mil talentos, ele os teria concentrado nos negócios marítimos, dispondo assim do lazer necessário para o exercício da filosofia.

Teria estudado em Atenas entre dez e vinte anos. Sua formação filosófica foi variada: seu primeiro professor foi o cínico Crates de Tebas, daí a *República* de Zenão, "escrita na cauda do Cão". Chocado pelo impudor de Crates, discordando da rejeição cínica das ciências da natureza, ele teria em seguida acompanhado, assim como Arcesilau, o curso de Xenócrates na Academia[9], e depois os do sucessor deste, Pólemon, o Acadêmico. Estudou dialética com o megárico Estílpon e talvez com Diodoro

9. Fundada por Platão, a Academia foi a primeira escola de filosofia. Xenócrates é o terceiro chefe da Academia; ele sucede Espeusipo em 339-338.

Crono.[10] Apesar do sucesso que sua doutrina encontrou em Atenas e as honras que seus habitantes lhe renderam, ele nunca renunciou à sua cidadania de origem.

Após dirigir sua escola por 58 anos, teria morrido, segundo Apolônio de Tito, em 262-261 aos 98 anos, ou, segundo Perseu, seu discípulo e serviçal, aos 72 anos:

> Foi assim que ele morreu. Saindo da escola, ele tropeçou e fraturou um dedo. Batendo com a mão na terra, ele pronunciou os versos extraídos de Niobé:
> *Eu chego. Por que me chamas?*
> E logo morreu, retendo sua respiração.[11]

Zenão teve como discípulos Cleantes, Perseu de Cício, Áriston de Quios, Herilo de Cartago, Dionísio de Heracléia e Esfero.

Cleantes

O sucessor de Zenão foi um de seus alunos, Cleantes, filho de Fânias de Assos. Provavelmente nascido em 331-330, teria sucedido Zenão em 262-261 e morrido em 230-229.[12] Antigo pugilista, chegou a Atenas com quatro

10. A própria existência de uma escola em Mégara é problemática. Ela teria sido fundada por Euclides de Mégara, discípulo de Sócrates e contemporâneo de Platão. Entre seus célebres professores estariam: Euclides, Eubúlides, Diodoro, Estílpon. Diodoro Crono era um dialético temível, mais jovem do que Aristóteles uma geração, com o qual Zenão teria vindo estudar dialética. Para essas informações, cf. *Les Mégariques, fragments et témoignages*, traduzidos para o francês e comentados por Robert Muller, Paris, Vrin, 1985.

11. Diógenes Laércio (DL), *Vies et doctrines des philosophes illustres*, VII, 28 (tradução para o francês de Richard Goulet do livro VII). (Título original: *Vitae philosophorum*) [Ed. bras.: Vidas e doutrinas dos filósofos ilustres. Trad. Mário da Gama Kury. Brasília, Ed. UnB, 1988.]

12. Cf. T. Dorandi, *Ricerche*, p. 27, citado em Diógenes Laércio, op. cit., p. 897, nota 2.

dracmas no bolso e começou a seguir os cursos de Zenão. Extremamente pobre, estudava de dia e, à noite, extraía água nos jardins, o que lhe valeu o apelido de "Phréantle", "o que tira água da fonte". Trabalhador obstinado, era considerado pouco dotado pela natureza e excessivamente lento. Quis levar à justiça Aristarco de Samos, astrônomo que tinha sugerido que o Sol, e não a Terra, era o centro do universo. A ele devemos o único texto longo que restou do antigo estoicismo, o *Hino a Zeus*. Era conhecido por sua religiosidade. Ainda que sucessor de Zenão no Pórtico, ele foi mais um discípulo de Zenão do que um grande inovador.

Diógenes de Laércio nos legou uma lista de suas obras.[13]

Crisipo

Nascido em 277, em Solunte, na Cilícia, Crisipo era filho de Apolônio de Solunte ou de Tarso; ouvinte de Cleantes, só com a morte deste, em 232, Crisipo, já com mais de cinqüenta anos, assume a direção do Pórtico. Sua importância foi tal que se pôde dizer:

> não houvesse Crisipo, não haveria Pórtico.[14]

Sua morte ocorreu entre 208-207 ou 205-204, aos 73 anos. Segundo uma das versões[15], ele teria morrido de tanto rir ao ver um asno comendo seus figos.

Dotado de grande vivacidade, diferente de Cleantes, suas opiniões sobre a maior parte das questões divergiam

13. DL, VII, 176.
14. Ibidem, 183.
15. Ibidem, 185.

das de Zenão e Cleantes. Com freqüência, ele dizia a Cleantes "que precisava apenas que lhe ensinassem as doutrinas, ele mesmo descobriria as demonstrações".[16] Dedicado trabalhador, era de uma prolixidade impressionante: a senhora que estava a seu serviço afirmava que ele escrevia quinhentas linhas por dia. São-lhe atribuídos mais de 705 "livros" (uma única obra compreendia em geral vários "livros", ou seja, vários cilindros), dos quais nos restam apenas fragmentos. Praticante da citação, ele teria chegado a citar quase integralmente a *Medéia*, de Eurípides, em uma de suas obras.

Diógenes Laércio[17] transcreveu uma lista de suas obras que devemos a Apolodoro de Selêucia, ou a Apolônio de Tiro, um aluno de Apolodoro.

Émile Bréhier enfatizou o quanto Crisipo manifestou a mais clara consciência das oposições indicadas anteriormente: ele as transporta a tal grau de acuidade que as doutrinas adversas encontravam nele suas armas:

> Ele fundou pela segunda vez o estoicismo, defendendo-o contra os dissidentes, como Aríston, e contra os adversários.

Crisipo é o inventor da dialética estóica.

Podemos observar com Jacques Brunschwig que os estóicos (diferentes dos epicuristas) não tiraram seu nome de um mestre, mas de um lugar. Distintas no conteúdo de seus ensinamentos, as duas escolas se distinguem por suas atitudes em relação ao mestre:

> O que atenua a simetria de seu confronto é inicialmente a própria diferenciação de seus traços comuns. Assim,

16. DL, VII, 176.
17. Ibidem, 189-202.

> a ortodoxia é muito mais rigorosa no epicurismo, onde a pessoa do Mestre é objeto de um verdadeiro culto à personalidade e os textos deixados por ele devem ser constantemente relidos, memorizados e interiorizados; para os estóicos, a margem de liberdade e de interpretação deixada aos membros da escola é nitidamente mais ampla; ela resulta por sinal em desacordos internos, por vezes em polêmicas, sobre pontos mais ou menos importantes.

Da mesma forma, diferente do espírito de descontinuidade que marca o epicurismo, que

> induz uma estrutura em que os princípios são claramente distinguidos das conseqüências, e até [...] abrem quadros dentro dos quais as conseqüências permanecem indeterminadas [...] o espírito de continuidade que marca o estoicismo se traduz por uma concepção orgânica da doutrina, onde tudo está a tal ponto ligado que, a rigor, pouco importa o fio que se puxa: toda a meada acabará por vir.[18]

As três partes do lógos *filosófico*

Retomando uma divisão já existente na Antiga Academia, Zenão divide o *lógos* filosófico em três partes: lógica, física e ética. Essas partes do *lógos* filosófico (só mais tarde, com Zenão de Tarso, o primeiro sucessor de Crisipo, é que seriam abordadas as "partes" da filosofia) são igualmente virtudes.[19] Aliás, trata-se menos de uma questão de partes do que de *locais*, *espécies*, *gêneros*.

---

18. J. Brunschwig, op. cit., p. 512.
19. Cf. Cícero, *Do sumo bem e do sumo mal*, III, XXI-XXII. Cf. Cícero, *Tusculanae disputationes* [Tusculanas], V, XXIV, 68: o sábio conhece a

Célebres metáforas ilustram sua unidade orgânica: a filosofia é um ovo, cuja casca é a lógica, a clara é a ética e a gema a física (mas outros dirão que a física é a clara e a ética a gema, confirmando a rivalidade entre a ética e a física para ocupar o centro). Ou, então: a filosofia é um campo em plena produção – a lógica é a cerca, a ética os frutos e a física a terra e as árvores (imagem criticada por Posidônio, que preferirá a seguinte). Ou, ainda: a filosofia é um animal e a lógica representa seus ossos e músculos, a ética suas partes carnosas e a física sua alma. Jacques Brunschwig vê nessa última metáfora uma modificação no estatuto da lógica – que poderia estar associada às iniciativas de Crisipo nesse domínio.[20]

A ordem das matérias é uma ordem pedagógica. A mais conhecida é a seguinte: a lógica, a física, a ética. Contudo, Plutarco, citando Crisipo, atribui-lhe a seguinte:

> Crisipo acha que é necessário ensinar primeiro a lógica aos jovens, em segundo lugar a ética e, depois, a física, reservando para o final a questão dos deuses. Ele a representou várias vezes, mas bastará citar o que se encontra no segundo livro *Sobre as vidas*; seguem-se suas palavras: "Primeiro, parece-me, seguindo o que os antigos disseram de exato, que existem três espécies de considerações filosóficas: as lógicas, as morais e as físicas; em seguida, é necessário colocar na primeira fila a lógica, na segunda a moral e, na terceira, a física; e a doutrina dos deuses, dentro da física, a última; é por este motivo

---

física, a ética, a lógica: "Daí virão dentro da alma três frutos, um consistente em seu conhecimento e interpretação da natureza; o segundo, na sua determinação daquilo que é buscado ou evitado; o terceiro, na apreciação das conseqüências lógicas e das contradições, que permite não apenas a sagacidade nas discussões, mas também a verdade nos julgamentos".

20. Cf. *infra*, p. 99.

> que se chamam de mistérios os ensinamentos transmitidos sobre os deuses".[21]

Sexto Empírico exprime o fato de que Crisipo pregava a seguinte ordem:

> Os estóicos sustentam que é preciso começar pela lógica: em segundo lugar vem a ética; e eles colocam a física em último. É porque, para começar, o pensamento deve garantir uma posse das doutrinas aprendidas que não seja suscetível de ser derrubada; ora, o que fortalece o pensamento é o exercício da dialética. Depois disso, a teoria ética deve prescrever o melhoramento dos costumes, e tal ensinamento se comunica com mais solidez se pudermos pressupor no aluno a capacidade de argumentar; para concluir, é o ensinamento da física que se deve dar, porque ela é mais divina, e necessita de um fundamento mais sólido.[22]

Segundo Plutarco, Crisipo entraria em contradição a partir do momento em que coloca habitualmente em primeiro lugar, antes de quaisquer questões morais, essa doutrina dos deuses que é preciso, em sua opinião, considerar por último:

> Ele inicia seus escritos por Zeus, o Destino, a Providência, a tese de uma Potência única contendo um mundo uno e limitado.

Erguer essa contradição aparente nos leva a aludir ao primeiro pressuposto da filosofia estóica: existe uma

---

21. Plutarco, *De stoicorum repugnantiis* [Sobre as contradições dos estóicos], IX.

22. Sexto Empírico, *Adversus Mathematicus*, VII, 22.

racionalidade, e essa racionalidade mostra-se em diferentes lugares da filosofia, da física, da ética, da lógica. Zenão unifica os saberes sob a categoria do *lógos* e leva a polissemia do *lógos* ao princípio de sua sistematicidade: é o *lógos* que "faz" a unidade orgânica das três partes do *lógos* filosófico.

O *lógos* físico é a ordem natural e imanente do mundo (*kosmos*), de um lado ao outro determinado pelas relações causais que não têm exceção. Os estóicos distinguem dois princípios cosmológicos fundamentais, que reproduzem a divisão estrita entre agir e sofrer ação: a matéria (*hylè*), que é puro princípio indeterminado, estrita capacidade de sofrer, e o *lógos*, do qual cada coisa extrai sua determinação. A esse *lógos*, os estóicos chamam "deus", considerado demiurgo, de ação motriz e formadora. Seu nome físico é "fogo", herdeiro do *lógos* heraclitiano: assim, para Zenão, o deus é "um fogo artesão que procede metodicamente da gênese do mundo".[23] Além disso, cada ser vivo, cada corpo, cada indivíduo do mundo físico, contém os *logoi spermatikoi*, razões seminais, segundo as quais ele se desenvolve, cada uma representando a razão singular da lei fatal em conformidade com a qual se desenvolverá, desde que encontre condições favoráveis. É o *lógos*, como veremos, que justifica a identidade estóica entre natureza (a natureza comum e a natureza própria), destino, providência e Zeus. Razão divina, o *lógos* designa também a razão humana e o discurso.

Isso mostra como os estóicos retomam a advertência platônica contra a *misologia*: deve-se tomar cuidado para não começar a odiar os homens.[24] A misologia, como a

23. DL, VII, 156. Retomo a tradução de Jacques Brunschwig, art. cit., em *Philosophie grecque*, p. 544. Ver igualmente Cícero, *De natura deorum* [Sobre a natureza dos deuses], II, XXII.

24. Platão, *Fédon*, 89d.

misantropia, nasce do mesmo modo, e não existe mal maior do que ser vítima desse ódio ao raciocínio:

> São principalmente aqueles que passam seu tempo a elaborar discursos contraditórios que acabam por acreditar que alcançaram o ápice da sabedoria e que são os únicos a terem entendido que não há nada de seguro nem de garantido em coisa alguma, tampouco em qualquer raciocínio; que tudo o que existe se encontra, na verdade, levado numa espécie de Euripo,[25] oscilando entre correntes contrárias, impotente para se estabilizar por algum tempo no que quer que seja. [...]
>
> Mas não seria lamentável, Fédon, experimentar tal sentimento? Não seria lamentável, então, que, quando existe um raciocínio verdadeiro, real, suscetível de ser compreendido como tal, de se seguir, aqueles que se puseram a ouvir argumentos que ora são verdadeiros e ora são falsos, sejam os mesmos que, em lugar de acusarem suas próprias dúvidas ou a sua falta de arte, lançam toda a culpa na própria razão e passam toda a vida a caluniá-la e a detestá-la, privando-se, assim, da verdade e do saber, rejeitando sua própria responsabilidade sobre os raciocínios? Passar então o resto da sua vida a detestá-los e caluniá-los, privando-se assim da verdade dos seres e da ciência?
>
> [...]
>
> É preciso portanto, antes de tudo, nos preservar contra isso [...] Nossa alma deve se fechar completamente à suspeita de que, talvez, os raciocínios não ofereçam nada de são; ela deve, sim, ter a seguinte suspeita:

25. Dizia-se que no Euripo, célebre e perigoso estreito situado entre a Beócia e a ilha de Eubéia, as correntes mudavam de direção sete vezes por dia e sete vezes por noite.

> de que somos nós que não temos ainda suficiente discernimento, e que é necessário empregar toda nossa coragem e toda nossa energia para consegui-lo.

Esse primeiro pressuposto, pressuposto de racionalidade ("existe um raciocínio verdadeiro, suscetível de ser compreendido como tal"[26]), apresenta um dogma fundamental do antigo estoicismo, cuja procedência platônica explica, ao mesmo tempo, pela primeira vez, a moderação: para Claude Imbert, "a filosofia mais dogmática na aparência, a do Pórtico, é também a menos dogmática de fato"; conseqüentemente, "seus argumentos foram sempre de suficiência, nunca de completude".[27]

Retomando a advertência platônica contra a misologia, os estóicos, conforme demonstrou Claude Imbert, perseguem e desenvolvem o projeto apofântico: o projeto de "examinar a verdade das coisas dentro dos *logoi*",[28] que Platão fundou em *Fédon*, na decisão de Sócrates, decepcionado com sua leitura de Anaxágoras.[29] Aí a intenção platônica já abordava "os diversos sentidos de *lógos*: razão física imanente, proporção, analogia, argumento ou simples exposição discursiva".[30]

A partir do momento em que o cosmos, a racionalidade da natureza, constitui a base e a justificativa da

---

26. Espinosa, *Tratado para a emenda do intelecto.*
27. Claude Imbert, *Pour une histoire da la logique. Un héritage platonicien*, Paris, PUF, 1999, p. 30.
28. Platão, *Fédon*, 99c.
29. Anáxagora de Clazomenes era um fisiologista do século V. Sócrates, no *Fédon*, de Platão, declara ter ouvido a leitura de um tratado de Anaxágoras no qual este "afirmava ser a inteligência a causa ordenadora e universal" (*Fédon*, 97c). Mas Sócrates censura o intelecto de Anaxágoras por nunca ter influenciado suas explicações dos fenômenos naturais, que ele reduzia a uma causalidade mecanicista.
30. C. Imbert, op. cit., p. 62.

sistematicidade estóica, começarei por expor a física do antigo estoicismo. Seguirei a teoria estóica da representação, através da qual temos acesso ao mundo dos corpos. Essa representação constitui a primeira parte da lógica. Tratarei em seguida da ética. Finalmente, exporei a teoria estóica do destino, que permite atestar a união entre a consideração da física, da ética e da causalidade, e tentarei mostrar o laço que a une à adivinhação, assim como as diferenças que as separam.

1
Física

O mundo é um ser vivo integralmente racional

Os estóicos apresentam o mundo "como uma unidade perfeita e divina, viva, contínua, autocriadora, organizada por leis inteligíveis e governada por uma razão providencial e presente em todos os lugares".[1]

De certa maneira, os estóicos concordam com Aristóteles, quando ele criticava os filósofos "que sustentam que o número matemático é a primeira entidade, [...] e admitem assim uma sucessão indefinida de substâncias, e de princípios diferentes para cada substância": chegam a fazer "da substância do Universo uma série de episódios sem relação entre si (pois, nesse sistema, uma substância não exerce influência alguma sobre outra, seja por sua existência, seja por sua não-existência), e [...] nos gratificam com uma quantidade de princípios. No entanto, os seres não querem ser mal governados: 'o governo de vários não é bom: que exista somente um chefe'[2]".[3]

A unicidade do governo (pelo *lógos*) se reciproca com a unicidade do próprio mundo: para Zenão, em seu tratado *Sobre o universo*, para Crisipo em *Proposições físicas*,

---

1. J. Brunschwig, art. cit., em *Philosophie grecque*, p. 534.
2. Homero, *Ilíada*, II, 204.
3. Aristóteles, *Metafísica*, A, 10, 1075b38.

assim como para Posidônio, o mundo é único. Essa unicidade é a mesma de um ser vivo: o mundo é, segundo Crisipo, um "ser vivo, racional, animado, inteligente".[4] O ser vivo é superior ao ser inanimado. Ora, nada é superior ao mundo. Portanto, o mundo é um ser vivo. Ser vivo, ele é também um ser animado, "como está claro a partir de nossa própria alma, que dele é um fragmento".[5]

A unicidade do mundo é Deus. "Deus, o Intelecto, o Destino e Zeus são uma só entidade"[6], e existem ainda outras designações, que não contradizem a unicidade. Sabe-se "até os Antípodas que a natureza comum e a razão comum dessa natureza (*he koinè physis kai ho koinos tès physeôs lógos*) são o Destino, a Providência e Zeus".[7] Segundo Zenão e Crisipo, em seu tratado *Sobre os deuses*, a substância de Deus é o mundo inteiro e o céu.[8] Da mesma forma que a alma humana tem uma parte diretora, "na qual as representações e as impulsões se produzem e a partir da qual a linguagem é emitida"[9], também o mundo, que é um ser vivo, tem uma parte diretora. Crisipo, em seu tratado *Sobre a Providência*, teria declarado que o céu era a parte diretora do mundo, ao passo que Cleantes pensava que era o Sol.

Assim,

> Deus é um ser vivo imortal, racional, perfeito ou então (um ser) inteligente vivendo na beatitude, não podendo acolher em si nada de mal, exercendo uma providência sobre o mundo e sobre os seres que estão no mundo. Ele

4. DL, VII, 142.
5. Ibidem, 143.
6. Ibidem, 135.
7. Plutarco, *Sobre as contradições dos estóicos*, 34, 1050B.
8. DL, VII, 148.
9. Ibidem, 159. Para explicitação, cf. *infra*, p. 82 seg.

> não possui, contudo, uma forma humana. É demiurgo do universo e, por assim dizer, o pai de todas as coisas, ao mesmo tempo de modo geral e na parte de si mesmo que penetra através de todas as coisas e que recebe múltiplas denominações segundo as potências que (nelas) aplica. De fato, chama-se Dia, porque todas as coisas existem por causa dele (*dia*), chamam-no Zeus (*Zéna*) por ser a causa da vida (*zèn*) ou por penetrar a vida por partes, Atenas devido à extensão de sua parte diretriz no éter, Hera por causa de sua extensão no ar (*aéra*), Hefesto por causa de sua extensão no fogo artesão, Poseidon por causa de sua extensão na umidade, Deméter por causa de sua extensão na terra. Foram-lhe dadas de maneira semelhante outras denominações associando-o a uma ou outra de suas propriedades.[10]

Desde Zenão de Cício, a física estóica desenvolve uma visão continuísta, dinâmica, orgânica e racional da natureza. No *Sofista*, o Estrangeiro já nos prevenia contra a "assustadora doutrina", que considerava a totalidade daquilo que é (*pantelôs on*), o todo, como absolutamente desprovido de movimento, de vida, de alma e de pensamento – que pretenderia que ele não viveria nem pensaria, mas que, "solene e sagrado, permaneceria assim, imóvel, sem se mexer".[11]

De fato, o mundo estóico é um corpo, um organismo vivo, integralmente racional, regido pela Providência. A natureza é cosmos, a natureza é ordem natural. Os estóicos distinguem, contudo, o *tó pan* do *tó hólon*: *tó pan* é a totalidade "total", o universo, que compreende o

10. DL, VII, 147. Notem-se as análises etimológicas da passagem como, para a relação da inovação à tradição, a presença dos deuses tradicionais da religião grega.

11. Platão, *Sofista*, 249a.

tó hólon, a totalidade, o mundo e o vazio que o cerca, que não é um corpo, mas um incorpóreo:

> O mundo é uno e é limitado, tendo uma forma esférica, [...] a mais apropriada ao movimento [...]. Fora do mundo se espalha o vazio infinito, que é incorpóreo. É incorpóreo aquilo que pode ser ocupado pelos corpos, mas não está ocupado.[12]

Tó pan designaria o universo, *tó hólon*, o mundo, e o vazio é, por assim dizer, o lugar do mundo. Era preciso (1) que houvesse um lugar para o mundo, porque o mundo é um corpo e todo corpo encontra-se num lugar; (2) que esse lugar fosse vazio, para que o mundo fosse total, quer dizer, que nada do mundo fosse suprimido. Enquanto os epicuristas constroem a realidade a partir dos átomos e do vazio, não existe, para os estóicos, nenhum vazio no mundo: "é um (corpo) unificado".

Unificado pela natureza: a natureza "é o que mantém o mundo em coesão"; é também "o que faz nascer os seres na terra. A natureza é uma força se movendo por si própria, produzindo e mantendo em coesão, conforme as razões seminais, os seres que vêm dela em momentos determinados, e realizando seres iguais àqueles dos quais saíram. A natureza visa também à utilidade e ao prazer, como o demonstra de forma evidente a fabricação do homem".[13]

Cada uma dessas acepções está relacionada. A unicidade do governo racional não exclui o dinamismo das partes: existe consecução (*akolouthia*) da natureza própria à natureza comum. Nos termos de Crisipo, citados por Plutarco:

---

12. DL, VII, 140.
13. Ibidem, 148-149.

> Visto que a natureza universal se estende a tudo, tudo que acontece no universo e em qualquer uma de suas partes deverá acontecer em conformidade com esta natureza e com sua razão, segundo uma seqüência que não encontra obstáculo; visto que nada existe fora do universo para se opor a seu governo e em nenhuma de suas partes são possíveis um movimento ou estado que não sejam em conformidade com esta natureza.[14]

Heráclito[15], que pode ser comparado aos estóicos nessa questão, estabelecia "uma conexão entre nossa razão e a razão divina, que rege e governa as coisas do mundo".[16]

Crisipo, em seu tratado *Sobre a Providência*, e depois Posidônio, afirmam que o mundo é racional, governado "de maneira inteligível e providencial"[17], o intelecto penetrando cada uma das partes. Contudo, o grau de penetração não é sempre o mesmo: nos ossos ou nos tendões, ele está presente como força de coesão; nos vegetais, como princípio de crescimento (*physis*); em outros corpos, como parte diretora da alma, está presente como intelecto.

Sendo ele próprio um corpo, o mundo é um mundo de corpos, tudo aquilo que é corpo, incluindo a alma, assim como o pensamento, as qualidades, as virtudes, o próprio *lógos* filosófico. Os estóicos falam dos entes em termos de corpos, e o ser não é para eles o princípio final da divisão das realidades. Os estóicos produzem a divisão das

---

14. Plutarco, *Sobre as contradições dos estóicos*, XXXIV.

15. Heráclito de Éfeso (*c.* 576-*c.* 480) é um filósofo pré-socrático, de origem jônica. Chamado "o Obscuro", ele é partidário de uma mudança incessante e da união dinâmica dos contrários.

16. Heráclito, A, XX.

17. DL, VII, 138.

realidades a partir do "qualquer coisa" (*ti*). O "qualquer coisa" é corpóreo ou incorpóreo. Sabe-se, a respeito do vazio, que "é incorpóreo o que pode ser ocupado por corpos mas que não está ocupado".[18] Nietzsche dirá que "vida" é o único sentido que ele dá à palavra "ser". Os estóicos diriam, por sua vez, que somente os corpos existem; os incorpóreos subsistem e existem por intermédio dos corpos.

Segundo Diógenes, os estóicos dividem o tratado físico "em 'lugares' relativos aos corpos, aos princípios, aos elementos, aos deuses, aos limites, ao lugar e ao vazio".

Assim, a física estóica é em primeiro lugar uma física dos corpos, sendo definido como corpo aquilo que é suscetível de agir ou sofrer ação.

A divisão entre agir e sofrer ação é capital para a física estóica e subentende a teoria estóica da causalidade: Zenão (em seu tratado *Sobre a substância*), Cleantes (no tratado *Sobre os indivisíveis*) e Crisipo (no primeiro livro de suas *Proposições físicas*) distinguem fundamentalmente apenas dois princípios do universo: um ativo, princípio de atividade, o outro passivo, princípio de passividade:[19]

> O princípio passivo é a substância sem qualidade, a matéria, enquanto o princípio ativo é a razão que se agita dentro dela, Deus. Este último, sendo eterno, fabrica de fato cada uma das coisas utilizando a totalidade da matéria.[20]

O *lógos*, que é deus, demiurgo ou artesão divino, dá forma à matéria informe e lhe imprime qualidade e

18. DL, VII, 140.
19. Ibidem, 134.
20. Ibidem.

movimento. A razão dá forma à matéria e essa transformação qualitativa da *materia iners* resulta na produção dos quatro elementos, os dois elementos ativos, o fogo e o ar, os dois elementos passivos, a terra e a água. A unidade dos corpos não é uma unidade por composição, mas uma unificação por uma força interna que impedirá a matéria de se dissipar. Essa força interna é a natureza, "que mantém o mundo em coesão".

Jacques Brunschwig[21] demonstrou o parentesco que existe entre os estóicos e os Filhos da Terra do *Sofista*, os oponentes dos Amigos das Formas na contenda sobre a *ousia* – a existência:

> Uns tentam atrair para a terra tudo o que está ligado ao céu e ao invisível, tomando rochas e carvalhos num simples aperto de suas mãos. É, de fato, fortalecidos por tudo o que podem apreender dessa maneira que eles sustentam, com toda a energia, que somente existe o que é capaz de oferecer resistência e o que se pode tocar; eles definem o corpo e a existência como idênticos e, assim que outros tentam atribuir o ser a qualquer coisa que não possui corpo algum, eles respondem apenas com o desprezo e recusam-se, depois disso, a continuar ouvindo [...]
>
> Seus adversários nessa disputa se mantêm [...] cuidadosamente em guarda, e é do alto de alguma região invisível que eles se defendem, lutando para estabelecer que

21. J. Brunschwig, "La Théorie stoïcienne du genre suprême et l'ontologie platonicienne", in Jonathan Barnes e Mario Mignucci (ed.), *Matter and Metaphysics*, Forth Symposium Hellenisticum, CNR, Centro di Studio del Pensiero Antico, dirigido por Gabrielle Giannantoni, Nápoles, Bibliopolis, 1988, p. 21-127. Para discussão, ver: P. Aubenque, "Une occasion manquée: la genèse avorté de la distinction entre l''étant' et le 'quelque chose'", in P. Aubenque e M. Narcy, *Études sur le* Sophiste *de Platon*, Nápoles, 1991, p. 365-85.

> certas formas inteligíveis e incorpóreas são a verdadeira existência. O que os demais tomam como corpos e exaltam como a "verdade única", eles quebram e esmigalham em seus argumentos e, recusando-lhe o nome de existência, neles vêem apenas um móvel devir. É em torno de tais doutrinas [...] que há, desde sempre, uma batalha interminável.[22]

Definir o corpo como aquilo que pode agir ou sofrer ação é retomar a definição do ser como potência (*dynamis*), que o Estrangeiro propunha ao final da contenda:

> Aquilo que tem uma potência natural qualquer, seja para agir sobre não importa o quê, seja para sofrer a ação, ainda que a menor de todas, do agente mais insignificante, e não por uma única vez, é um ser real; pois eu coloco, como definição capaz de definir os seres, que eles não são outra coisa senão potência.[23]

Os estóicos desenvolvem uma física da efetividade ou da atualidade: pensadores da potência, eles são os pensadores de uma potência ativa ou efetiva e rejeitam o sentido aristotélico da potência como virtualidade.[24]

Das quatro causas aristotélicas – material, formal, eficiente e final –, eles guardam apenas a causa eficiente, motora ou produtora, rejeitando a final. A teoria da providência que organiza sua cosmologia não é uma representação finalista da natureza. Ao passo que um finalismo natural envolveria o objetivo, não alcançado,

22. Platão, *Sofista*, 246c.

23. Ibidem, 247e.

24. Para a polêmica entre Aristóteles e os megáricos, ver Aristóteles, *Metafísica*, 10.

de um mundo apenas visado, o mundo estóico, em sua organização racional integral, é integralmente presente (*tota simul*) e integralmente atual – puro indicativo.[25]

Quanto a ser um materialismo, o materialismo estóico é de um tipo particular: é um materialismo integralmente racional baseado em um mundo único, unificado, integralmente racional, regido por uma causalidade sem exceção nem falha – o que transgride a idéia, de origem democritiana, depois epicurista, de um materialismo ligado à afirmação do acaso. Materialismo dos corpos, trata-se de um materialismo da potência dos corpos – traços que poderemos reencontrar na filosofia de Espinosa. Filosofia integralmente racional – *more geometrico*, fundado em um real integralmente racional e integralmente atual, substância única que é Deus ou natureza [*Deus sive natura*], desprovido de finalidade e de virtualidade, no qual os modos finitos são definidos por seus *conatus* e determinados como potências de ação.

O mundo estóico é um *continuum* energético de corpos. Tudo, no mundo, se comunica: de próximo a próximo e de próximo a longínquo. Os estóicos distinguiam entre diferentes tipos de misturas:

> A *synthesis*, ou justaposição parcelar, na qual as partículas dos corpos misturados subsistem lado a lado, conservando suas propriedades particulares; a *synkhysis*, ou fusão completa, na qual os componentes perdem, ao contrário, sua identidade e suas propriedades; e, entre esses dois pólos, a célebre "mistura total" (*krasis di'holon*), na qual os componentes se interpenetram integralmente, a ponto de ocupar simultaneamente (e paradoxalmente)

25. Cf. V. Goldschmidt, *Le Système stoïcien et l'idée de temps*, p. 72.

> o mesmo lugar, conservando, ainda assim, sua identidade e suas propriedades intactas.[26]

Diógenes remete ao livro III das *Proposições físicas* de Crisipo para tematizar a "mistura total" (*krasis di'holon*). "As misturas se produzem de modo integral"[27], não por circunscrição e justaposição:

> Um pouco de vinho, com efeito, lançado no mar se espalhará até certo ponto, depois se misturará a ele...

O mundo é uma total coesão e compenetração orgânica de suas partes, e a mistura total garante a possibilidade de ação dos corpos uns sobre os outros dentro de um universo homogêneo, contínuo e ativo. A ação dos corpos uns sobre os outros, as repercussões das ações dos corpos uns sobre os outros, não colocam em questão a integridade dos corpos.

A realidade, realidade corpórea, é constituída de uma pluralidade de indivíduos que não são caracterizados de maneira variável por tal ou qual qualidade, mas por uma "qualidade própria" (*idiôs poion*) que os especifica absolutamente. Essa individualidade absoluta não é o reverso de uma incomunicabilidade: o mundo é animado por uma simpatia universal que garante sua total coesão dinâmica.

Com Émile Bréhier, podemos considerar, dentro da força interna unificadora e individualizante dos corpos, três aspectos fundamentais: a substância da força, que é um sopro (*pneuma*); seu modo de ação, que é a tensão

26. J. Brunschwig, *Études sur les philosophies hellénistiques: épicurisme, stoïcisme, scepticisme*, Paris, PUF, 1995, cap. "Le modèle conjonctif", p. 168.

27. DL, VII, 151.

(*tonos*); sua relação com a natureza, entendida desta vez como força interna que contém a matéria, impedindo-a de se dissipar. Cada corpo individualizado é animado por um sopro, que é a combinação de fogo e de ar; o *tonos* é precisamente o fator de coesão da matéria formada, fator de aparecimento da própria qualidade. A atividade da força interna só pode ser finalmente compreendida em seu relacionamento com a mistura total, em relação à qual o *tonos* aparece como a mistura intrínseca, não exterior, do princípio passivo. Cada indivíduo corpóreo é um ser vivo que tem em si sua força motriz, seu princípio de atividade.

São essas distinções que permitem precisar a oposição entre natureza, *physis*, e alma, *psykhé*: a *physis* é uma "força vegetativa", "o sopro quente trespassado de umidade e que, por este motivo, é menos capaz de tensão"; a alma, por sua vez, implica capacidade representativa e impulsão motriz. Com uma tensão superior devido à mistura com o ar frio a que é submetida desde seu nascimento, ela lhe deve sua passividade superior. A alma estóica é corpórea, ela é um sopro – exatamente aquele que escapa na morte: um animal vivo respira; quando cessa de respirar, ele morre. Assim, para Zenão, "aquilo que, desaparecido do corpo, leva assim à morte do animal, é certamente a alma; ou quando o sopro conatural desaparece do corpo, o animal morre: portanto, a alma é o sopro conatural".[28] Nos termos de Crisipo, desta vez:

> É certo que respiramos e vivemos por uma única e mesma coisa. Ora, nós respiramos pelo sopro conatural: portanto, vivemos também pelo mesmo sopro. Ora, nós, vivemos pela alma. Percebe-se então que a alma é o sopro conatural.[29]

28. Ioannes Ab Armin. *Stoicorum Veterum Fragmenta* (SVF), II, 879.
29. Ibidem.

Crisipo definirá a alma como "nosso sopro conatural. Coerente, disseminado através de todo o corpo, enquanto a respiração normal da vida permanece nesse corpo".[30]

Se, além de nosso corpo, unificado por nossa alma que é sopro, o mundo é um corpo unificado, isso se deve à "comunidade de sopro e de tensão que une os corpos celestes aos corpos terrestres".[31] A comunidade do sopro (*sympnoia*) é a organização dinâmica dos sopros (*pneumata*), o acordo é o acordo entre as tensões (*syntonia*). O mundo, dentro de um período cósmico[32], é estável, a união de corpos entre si persiste, exatamente como se estivessem ligados por uma corrente que os envolve; tal é a obra da natureza, espalhada pelo mundo inteiro, fazendo tudo por reflexão e razão.[33]

Esse princípio de comunicação integral se acha no ponto de encontro entre a psicologia e a teoria do conhecimento, no fato de que "nossa alma é um sopro natural e contínuo, percorrendo o corpo inteiro"[34], em conformidade com a continuidade da alma, que sugere sua comparação a um polvo.[35]

Por meio dessas teorias da afinidade universal e da mistura total (*krasis di'holôn*), Crisipo consegue conciliar na física a afirmação de uma causa única, desenvolvendo assim, segundo expressão de Émile Bréhier, um "monoteísmo cósmico", e a multiplicidade dos indivíduos singulares, caracterizados por uma "qualidade própria" (*idiôs poion*) – qualidade própria que significa, no lugar lógico,

---

30. SVF, II, 885.
31. DL, VII, 140.
32. Sobre a sucessão dos períodos cósmicos e o embrasamento (*ekpurôsis*), cf. *infra*, p. 54.
33. Cf. Cícero, *Sobre a natureza dos deuses*, II, 115.
34. Citado in V. Goldschmidt, op. cit., p. 107.
35. Cf. *infra*, "Lógica", p. 82-85.

o nome (*onoma*), por exemplo Diógenes ou Sócrates; os estóicos, a partir de Crisipo, distinguem rigorosamente o nome do apelativo (*prosègoria*), que significa uma qualidade comum: homem, cavalo.[36]

Dessa afinidade universal, a política estóica desenvolverá finalmente a conseqüência: o estoicismo é cosmopolita. Assim, Zenão, em seu *República*, apesar de muito inspirado pelo cinismo, dizem-nos, teria criticado uma divisão do mundo em cidades e povos possuindo leis diferentes: somos concidadãos da República de Zeus e devemos viver unidos sob a lei comum a todos.

A própria sistematicidade unifica: todos os movimentos, em sua diversidade, devem ser reconduzidos ao movimento cósmico. Trata-se, como o disse Goldschmidt, de "unir sem confundir". Existe uma causa única que é Deus; e "um enxame de causas (*turba causarum*) do qual [os estóicos] determinam a lista".[37] Encontraremos a analogia sistemática dentro do campo da ética: a unidade da virtude e, ao mesmo tempo, a consideração precisa e a diversificação das modalidades concretas, até admitir "um enxame de virtudes".[38]

Os estóicos admitem uma multiplicidade de causas, apesar de encontrarem um princípio unificador dentro do *lógos* divino, o que os leva a uma classificação das causas. Encontraremos, também, em Espinosa, ao mesmo tempo essa causalidade única da substância e uma consideração real da multiplicidade, que de fato leva em conta as singularidades: substância única e multiplicidade de modos concluídos. Essa causalidade única das substâncias, da qual se poderia temer que esmagasse as singularidades, de fato permite, por assim dizer, que se as leve em consideração, assim como a afirmação de Deus,

36. V. Goldschmidt, op. cit., 58. Cf. *infra*, "Lógica", p. 99.

37. Alexandre de Afrodísia, *Sobre o destino*, 22 (SVF, II, 945).

38. Plutarco, *Sobre a virtude moral*, 2, 441b (SVF, III, 255).

substância única, não implica, para Espinosa, qualquer concessão criacionista ou supersticiosa. Da mesma forma, a individualidade estóica não é atômica: uma tensão, um sopro – a qualidade própria é uma rede complexa de tensões, como o *conatus* espinosista: uma relação característica que não provoca modificações, exceto a morte.

Os corpos, os incorpóreos e a causalidade

O mundo estóico, regido pelo *lógos*, é o mundo de uma causalidade integral. Essa causalidade é uma causalidade eficiente, produtora ou motriz:

> A causa é o que produz aquilo de que ela é a causa, como a ferida em relação à morte, a indigestão em relação à doença, o fogo e o calor. Não se deve, portanto, entender como causa aquilo que precede um acontecimento, mas aquilo que o precede produzindo-o.[39]

Não há nenhuma exceção à causalidade que rege integralmente o mundo. Um dogma fundamental do estoicismo, que o distingue radicalmente do epicurismo, é a tese segundo a qual "nada se produz sem causa".[40]

> Um único acontecimento que seria devido ao acaso e privado de causa (*anaitiôs*) destruiria a unidade do mundo: "O universo não seria mais administrado conforme uma única ordem e um plano único, se qualquer movimento sem causa nele se introduzisse".[41]

---

39. Cícero, *Sobre o destino*, XV, 34. [Ed. bras.: *Sobre o destino*, trad. José Rodrigues Seabra Filho, São Paulo, Nova Alexandria, 2001.]
40. Plutarco, *Sobre o destino*, 31, 201, 32.
41. V. Goldschmidt, p. 83, citando *Sobre o destino*, de Alexandre de Afrodísia, 31, 201, 32 (SVF, II, 941).

Esse dogma, essa interdição, tem um alcance essencial dentro da teoria do destino.[42]

Ora, os acontecimentos não são corpos, mas incorpóreos. Os estóicos reconhecem quatro incorpóreos: o tempo, o lugar, o vazio, o *lekton*. O vazio, já o vimos, faz a distinção entre o *tó pan*, a totalidade, o universo, e o *tó hólon*, o todo, o mundo.

> É incorpóreo aquilo que pode ser ocupado por corpos, mas não está ocupado.[43]

Ao passo que o corpo, conforme a definição platônica do ser como *dynamis*[44], se define como aquilo que é suscetível de agir ou de sofrer ação, o incorpóreo se define pela inatividade e pela impassibilidade:

> O incorpóreo, segundo eles, por natureza não age nem sofre qualquer ação.[45]

A distinção entre corpos e incorpóreos intervém no campo da causalidade.

Mais exatamente, apresentar a teoria estóica da causalidade, que implica a distinção entre corpos e incorpóreos, significa falar em termos de corpos e de incorpóreos. Depois de Antístenes[46], reputado fundador da escola cínica, que rejeitava nos incorpóreos os não-seres, como o lugar e o tempo, e não admitia senão a existência de corpos, são os estóicos que parecem ter introduzido na

42. Cf. *infra*, p. 163 seg.
43. Ibidem, 124.
44. Cf. Platão, *Sofista*, 247e.
45. Sexto Empírico, *Adv. Math.*, VIII, 263.
46. É o que salientou E. Bréhier em *La Théorie des incorporels dans l'ancien stoïcisme*, Paris, Vrin, 1982, p. 1-2.

linguagem filosófica os conceitos de "corpo" e de "incorpóreo", no seio da análise física da causalidade.

Assim, toda causa é corpo.[47] Os estóicos dizem que "toda causa é corpo e é causa para um corpo de um [efeito] incorpóreo, por exemplo: o escalpelo, que é um corpo, é causa para o corpo que é a carne de um incorpóreo, o predicado 'ser cortado' ou ainda: o fogo, que é um corpo, é causa para o corpo que é a madeira de um [efeito] incorpóreo, o predicado 'ser queimado'".[48]

Nessa nova teoria da causalidade, os estóicos subvertem alguns princípios platônicos. Eles evitam, primeiramente, o pressuposto segundo o qual "ser alguma coisa já é existir".[49] Da mesma forma, hábeis herdeiros dos Filhos da Terra, eles se dão os meios de atravessar intactos a provação platônica: se os Filhos da Terra, com efeito, "[aceitassem] convir que, entre as coisas que existem, há, por menor que seja, o incorpóreo"[50], isso bastaria, dizia o Estrangeiro, para colocá-los em contradição consigo mesmos. Os estóicos, reconhecendo quatro incorpóreos, desafiando assim tal advertência, não sustentarão com menos firmeza sua posição "materialista".

A unidade estóica do mundo se apresenta sob dois aspectos:

> O encadeamento rigoroso dos acontecimentos pela lei do destino, e a hierarquia dos seres "simpatizantes" pela presença em si do *pneuma* divino. As duas séries formam (e exprimem em cada um de seus termos) uma totalidade. A hierarquia dos corpos[51] compreende as substâncias que

---

47. Sêneca, *Cartas a Lucílio*, 117, 2.
48. Sexto Empírico, *Adv. Math.*, IX, 211.
49. A. A. Long e D. N. Sedley. The Hellenistic Philosophers (LS), I, p. 164, que remete a Platão, *Parmênides*, 132b-c.
50. Platão, *Sofista*, 247d.
51. Cleantes, apud Sexto Empírico, IX, 88 seg.

o *pneuma* divino percorre, como o mel escorre através dos favos.[52]

"A substância inteira é unificada por um *pneuma* que a percorre inteiramente: sob este efeito, o universo é contínuo e torna-se consistente e simpático a si mesmo."[53] Os acontecimentos, por outro lado, são ligados e unificados pela lei do destino; um único acontecimento se produzindo sem causa bastaria para romper essa série, presa a Deus, "causa das causas"[54].[55]

Como mostrou Gilles Deleuze, a grande inovação dos estóicos no registro da causalidade e dos incorpóreos consiste sobretudo na clivagem novíssima da relação causal que operam:

> Eles desmembram esta relação, correndo o risco de refazer uma unidade de cada lado. Remetem as causas às causas, e afirmam uma ligação das causas entre si (destino). Remetem os efeitos aos efeitos, e criam alguns laços dos efeitos entre si.
>
> Mas não é de modo algum da mesma maneira: os efeitos incorpóreos nunca são causas uns em relação aos outros, mas somente "quase-causas", obedecendo a leis que exprimem talvez em cada caso a unidade relativa ou a mistura dos corpos dos quais dependem como de suas causas reais.
>
> De tal forma que a liberdade é salva de dois modos complementares: uma vez na interioridade do destino como ligação das causas, uma outra vez na exterioridade

52. Zenão, apud Tertuliano, *Ad nat.*, II, 4 (SVF, I, 529); Cícero, *Sobre a natureza dos deuses*, II, XII, 33 seg.

53. Crisipo, apud Alexandre, *De mixt.*, 216, 14 (SVF, II, 473).

54. Sêneca, *Naturales quaestiones*, II, XLV, I.

55. V. Goldschmidt, *Le Système stoïcien et l'idée de temps*, p. 106.

dos acontecimentos como laço entre os efeitos. É por isso que os estóicos podem opor destino e necessidade.[56]

Em outros termos:

> Uma das maiores audácias do pensamento estóico é a ruptura da relação causal: as causas são remetidas profundamente a uma unidade que lhes é própria e os efeitos entretêm na superfície os relacionamentos específicos de outro tipo. O destino é primeiramente a unidade ou a ligação das causas físicas entre si; os efeitos incorpóreos são evidentemente submetidos ao destino, na medida em que são o efeito dessas causas.[57]

Essa nova clivagem da relação causal se exprime de fato no princípio fundamental:

> Nada de incorpóreo pode interagir com um corpo, não mais do que um corpo com um incorpóreo, mas um corpo com um corpo.[58]

Vale destacar, de passagem, que esse princípio permite demonstrar que a alma, na medida em que ela é afetada quando o corpo está doente ou é cortado, é um corpo. Com efeito, o incorpóreo só pode almejar um *status* de "quase-causa"[59]: conforme o testemunho de Clemente de Alexandria, alguns dizem que as causas são as causas do corpo, outros dizem que são dos incorpóreos, outros dizem que o

---

56. Gilles Deleuze, *Logique du sens*, Paris, Minuit, 1969, p. 15. Ver também p. 115. [Ed. bras.: *Lógica do sentido*, São Paulo, Perspectiva, 1975.]

57. Ibidem, p. 233.

58. SVF, I, 117, 11 (LS, 45C).

59. Retomo essa expressão de G. Deleuze, em *Logique du sens*, décima-quarta série, "De la double causalité", p. 115 seg.

corpo é a causa no sentido próprio, o incorpóreo é causa por extensão ou quase-causa; há também os que afirmam que os incorpóreos são causas no sentido próprio, e os corpos por extensão.[60] Pode-se reconhecer na primeira posição uma postura estóica, na segunda, uma postura platônica.

Importantes solidariedades conceituais que Sócrates, depois Platão, haviam atado se encontram aqui desatadas: o princípio e a causa não são incorpóreos, são ativos e produtivos, portanto corpóreos; ou ainda: o incorpóreo não é mais causa e princípio; o incorpóreo não é o grau superior da realidade e o princípio que produz efeitos, mas a realidade é corpórea, e não uma degradação do incorpóreo, quaisquer que sejam as modalidades.

Mas a massa folhada conceitual do incorpóreo ainda não se esgotou. Falta entender por que os estóicos precisavam de um conceito do incorpóreo.

"Esta tese pode ter parecido estranha e mesmo chocante"[61], como observou Victor Goldschmidt, que propõe que se estabeleça uma correspondência do caráter incorpóreo do efeito com a "deficiência e o devir dos sensíveis" no platonismo. Ainda é necessário acrescentar: o sentido não marca o real. É esta a questão do incorpóreo: o incorpóreo não marca o corpo.

> Quando o escalpelo corta a carne, o primeiro corpo produz sobre o segundo não uma nova propriedade, mas um novo atributo, o de ser cortado. O atributo não designa nenhuma qualidade real [...], [ele] é sempre, ao contrário, expresso por um verbo, o que significa que não é um ser, mas uma maneira de ser... Essa maneira de ser se encontra de algum modo no limite, à superfície do

---

60. Clemente de Alexandria, *Stromates*, VIII, 9 (SVF, II, 119, 41).

61. V. Goldschmidt, *Le Système stoïcien et l'idée de temps*, p. 95.

> ser, do qual ela não pode mudar a natureza: ela não é, para falar a verdade, nem ativa nem passiva, pois a passividade suporia uma natureza corpórea que sofre uma ação. Ela é pura e simplesmente um resultado, um efeito que não se pode classificar entre os seres...
>
> [Os estóicos distinguem] radicalmente algo que ninguém havia feito antes deles, dois planos do ser: de um lado o ser profundo e real, a força; do outro, o plano dos fatos, que se realizam à superfície do ser, e que constituem uma multiplicidade sem fim dos seres incorpóreos.[62]

Tudo o que há para se entender na física estóica se concentra no enigma dessa cenografia violenta e irrealista da causalidade, ou da efetividade, que os estóicos escolheram. Marcar o caráter transitório das disposições, por exemplo "estar sentado", assinalar o caráter acidental dos predicados, por exemplo "estar careca" ou "cabeludo", identificá-los como incorpóreos, poderia ser feito sem violência.

Estranha cenografia da ferida e da queimadura: o corpo é, para um outro corpo, a causa de um efeito incorpóreo – no qual os exemplos escolhidos são exemplos violentos (freqüentemente presentes na tradição, desde Platão e Aristóteles, e que remetem verossimilmente aos atos médicos tradicionais: queimar, cortar) e os quais servem, no entanto, para marcar o caráter incorpóreo da modificação, do efeito. A faca é a causa para a carne de um efeito incorpóreo, o ser cortado; o fogo é a causa para a madeira de um efeito incorpóreo, o ser queimado.

Assim, o enigma está relacionado a essa violência. Certamente, a ferida – ser ferido – está lá, mas ela desaparecerá. Algo que diz: não existe na realidade o terceiro termo

62. E. Bréhier, op. cit., p. 11-12.

da ferida. Existe apenas o corpo. O incorpóreo é algo que mantém – pois deve ser mantida – a irradiação fixa do universo e do cosmos, onde nada jamais é acrescentado, ou nada jamais é mudado, sem que essa ausência de mudança signifique que nada acontece. Mas aquilo que acontece, e que pode sozinho fazer sentido, não marca.

A questão, mais uma vez, parece aquela, infinitamente retomada de Crátilo[63] a Platão, de Heráclito a Aristóteles, dos megáricos aos estóicos, de não negar a mudança e dela se inteirar, sem se arriscar a ser dissolvido por ela. Esse mesmo risco já justificava a distinção aristotélica entre substância (*ousia*) e acidentes (*symbebékota*):

> Se não for o filósofo, quem vai perceber se Sócrates é o mesmo que Sócrates sentado?[64]

Aristóteles já enunciava claramente a necessidade dos incorpóreos, mais exatamente aquela do *status* necessariamente incorpóreo das maneiras de ser que significam os predicados.

Deve-se, com efeito

> questionar se o "caminhar", o "comportar-se bem", o "estar sentado", são alguma coisa que é ou não; e da mesma forma em qualquer outro caso análogo: pois nenhum desses estados tem por si mesmo naturalmente uma existência própria, nem pode ser separado da substância, mas, se existe alguma coisa que é, esta será antes

63. Crátilo é o personagem central do diálogo platônico que traz seu nome. Ele sustenta a tese da retidão natural dos nomes. Defensor de um mobilismo universal, ele passava por discípulo por excelência de Heráclito. Teria sido um dos mestres do jovem Platão. Ver R. Goulet (dir.), *Dictionnaire des philosophes antiques* (DPhA), II, Paris, CNRS Éditions, 1994, p. 503 seg.

64. Aristóteles, *Metafísica*, Δ, 2, 1004b1-2.

> aquele que caminha e que é alguma coisa que é, aquele que está sentado, aquele que se comporta bem.
>
> E essas últimas coisas parecem mais reais, pois há, sob cada uma delas, um substrato real e determinado: este substrato é a substância e o indivíduo, que é exatamente o que se manifesta dentro de uma tal categoria, pois o bom ou o sentado nunca são ditos sem ele.
>
> É portanto evidente que é por meio dessa categoria que cada uma das demais categorias existe. Conseqüentemente, o que é no sentido fundamental, não tal modo daquilo que é, mas aquilo que é absolutamente falando, seria apenas a substância.[65]

Da mesma maneira, os predicados estóicos são incorpóreos, fora da atualidade de uma situação singular determinada; eles subsistem, sem que por isso sejam virtuais.

> Somente os predicados que são acidentes atuais são considerados existentes (*hyparchein*): por exemplo, o caminhar existe para mim quando eu caminho; mas, quando estou deitado ou sentado, ele não existe.[66]

Assim, os predicados incorpóreos remetem a tal ou qual maneira de ser, não pondo em perigo a identidade do substrato, definido por sua própria qualidade, através das mudanças. O incorpóreo permite inteirar-se da mudança sem atentar contra a permanência dos corpos e sem alcançar uma posição de essência: os corpos são definidos por uma qualidade própria que os singulariza absolutamente e que não cessará, senão com o próprio corpo.

---

65. Aristóteles, *Metafísica*, Δ, 1, 1028a20-32.

66. Karlheinz Hülser. *Die Fragmente zur Dialetik des stoiker* (FDS), 808 = DG, 461, 19-20 = Estobeu, *Eglogae*. I, 8, p. 104-5 = Ário Dídimo, *Fragments physiques*, 26, p. 461 seg.

Por que esses quatro incorpóreos: o vazio, o lugar, o tempo, o *lekton*? Pode-se fundamentar essa lista? Na medida em que dispomos de testemunhos que dão aos incorpóreos características gerais, parece difícil considerar que essa lista seja uma pura e simples "rapsódia". É incorpóreo, já o vimos, "aquilo que é suscetível de ser ocupado pelos corpos, sem que o esteja em ato"[67] – se decidirmos estender aos outros incorpóreos essa característica, produzida em relação ao vazio –, sem que essa suscetibilidade não atual, mais uma vez, defina uma virtualidade, análoga à virtualidade da flor no botão.

É na qualidade de "suscetível de ser ocupado pelos corpos, sem o estar em ato", que o vazio é considerado ilimitado (*ápeiron*).[68] Além disso, "do mesmo modo que o corpóreo é limitado, o incorpóreo é ilimitado; de fato, o tempo, como o vazio, são ilimitados".[69] Pode-se, da mesma forma, conceber que o lugar é ilimitado antes que o corpo nele se inscreva, dando-lhe um limite, figura, uma circunscrição como lugar desse corpo?[70]

Retomando uma expressão de Claude Imbert, os incorpóreos seriam as "dimensões" dos corpos. Vazio, tempo e lugar seriam pensados como "dimensões" ilimitadas dos corpos, que não se atualizam, mas se ativam (no sentido em que a atualização pressuporia uma virtualidade) por ocasião de cada corpo particular que as limita e assim as determina. Se for o caso, postular que o tratamento dos quatro incorpóreos é homogêneo nos levará a concluir que o *lekton*, igualmente ilimitado, recebe seu

67. DL, VII, 140.

68. Ibidem. Para uma demonstração desse ponto, cf. Estobeu, *Eglogae*, I, p. 161, 8 (SVF, II, 162, 39 – 163, 7).

69. Ibidem, 163, 8.

70. Para uma discussão sobre este ponto, ver V. Goldschmidt, *Le Système stoïcien et l'idée de temps*, p. 26-27.

limite e determinação do corpo particular que o ocupa e que é um enunciado.[71]

Se a lista de incorpóreos é conseqüente, são igualmente indissociáveis, ainda que decididamente distintos, tal frase e seu *lekton*, que existe como sua franja de sentido, no momento da pronunciação. O incorpóreo só existe localmente, quando ocorre tal situação, que é uma situação dos corpos, em contato com um determinado corpo: os corpos têm então lugar e momento na sua periferia, os predicados incorpóreos desfrutam uma existência local, dependente de uma situação perceptiva atual[72], da mesma forma que o enunciado que descreve tal situação e sua franja de sentido.

Os ciclos do mundo: conflagrações

Segundo Diógenes, os estóicos falam do mundo em três sentidos:

> O próprio Deus, ser dotado de qualidade individualizante (formado) a partir da totalidade da substância, que é incorruptível e incriado, sendo artesão da ordem universal, destruindo (e assimilando) em si mesmo, segundo as circunstâncias, períodos de tempo, a totalidade da substância e novamente engendrando-a a partir de si mesmo. Eles dizem que a própria ordem universal [dos astros] é também um mundo. E, num terceiro sentido, (é) aquilo que é constituído pelos dois de uma vez.[73]

71. Cf. *infra*. "Lógica", particularmente, sobre nossa maneira de apreender os incorpóreos, p. 92 seg.

72. Cf. Aristóteles, *Metafísica*, Z, 3.

73. DL, VII, 137-138.

Quer dizer que o mundo não é exatamente incorruptível. Plutarco testemunha que Cleantes e Crisipo, "que preenchem, por assim dizer, com razão divina o céu, a terra, o mar, não admitem a incorruptibilidade e a eternidade de nenhum desses seres tão numerosos, exceto aqueles de Zeus em que eles absorvem todos os outros: de modo que o ato de destruir pertence a Zeus [...]".[74] Ainda segundo Plutarco, Crisipo teria dito que Zeus e o mundo assemelhavam-se ao homem, o mundo ao seu corpo, a providência à sua alma, e que, conseqüentemente, quando ocorre a conflagração, Zeus fica sendo o único incorruptível entre os deuses, e recolhe tudo em sua providência.[75]

Para Zenão, leitor de Heráclito, a natureza é "um fogo artista que avança metodicamente tendo em vista a geração"[76]; "um sopro ígneo e artesão" que, por todas as coisas, vela e provê o útil e o vantajoso. Está bastante comprovado que a cosmologia do antigo estoicismo tem por moldura a física de Heráclito[77]: segundo Aécio, "Heráclito declarava que o eterno fogo periódico [é Deus] e que é destino o *Lógos*, artesão dos existentes a partir do movimento em sentido contrário".[78] Zenão tentou demonstrar, contra Aristóteles, que o mundo teve seu começo e terá um fim.[79]

Os argumentos, que vêm de Heráclito e às vezes de Xenófanes[80] ou de Anaximandro[81], são extraídos da ação

74. Plutarco, *Sobre as concepções comuns contra os estóicos*, XXXI.

75. Ibidem, XXXVI.

76. DL, VII, 156.

77. Cf. E. Bréhier, *Chrysippe et l'ancien stoïcisme*, p. 141.

78. Heráclito, A, VIII.

79. Cf. Teofrasto em Filo, *De incorrupt. mundi*, c. 23-24 (SVF, I, 29, 25).

80. Xenófanes de Colofão (*c.* 580-*c.* 465), poeta e satírico, trouxe importantes contribuições ao domínio da teoria do conhecimento e ao da teologia.

81. Filósofo pré-socrático, originário de Mileto, Anaximandro (*c.* 610-*c.* 546) é um fisiologista; ele fazia do infinito o princípio de todas as coisas.

das forças naturais e das grandes catástrofes geológicas. Simplício testemunha o fato de que "Heráclito [...] pensa que num dado momento o mundo se incendeia, e que em outro momento ele se reconstitui a si próprio novamente a partir do fogo, segundo certos períodos de tempo, dentro dos quais, diz, 'ele se acende moderadamente e se apaga moderadamente'. Mais tarde, os estóicos partilharam a mesma tese".[82]

Da mesma forma, é verdade que a física estóica modifica o heraclitismo a ponto de torná-lo irreconhecível, especialmente pela concepção de uma direção providencial do mundo. Para Heráclito, "O tempo é uma criança que se diverte, jogando gamão. À criança a realeza"[83]; "O Uno e único sábio não quer ser chamado e quer o nome de Zeus".[84] Para os estóicos, conflagrações e palingenesias compõem o ritmo da vida do Deus universal, Zeus; sua vontade é estável, a alternância de seus períodos não é lúdica, mas orgânica: o antigo estoicismo propõe este oximoro teórico de um heraclitismo pacificado.

Existe um fogo primitivo, ou fogo originário, que é, num sentido, idêntico ao cosmos. Esse fogo, segundo Bréhier, "é idêntico ao cosmos, é um deus não gerado e incorruptível que persiste através de todas as vicissitudes da ordem do mundo".[85] O doxógrafo Estobeu[86] testemunha que Crisipo teria reconhecido dois sentidos distintos na palavra cosmos: "(1) O conjunto do céu e da terra (chamado *diakosmésis*); (2) O Deus 'segundo o qual nasce e se conclui a ordem das coisas'", ou seja, o fogo primitivo.

82. Heráclito, A, X.

83. Ibidem, B, LII.

84. Ibidem, B, XXXII.

85. E. Bréhier, *Chrysippe et l'ancien stoïcisme*, p. 145.

86. Estobeu, *Ecl.*, I, 184; SVF, II, 168, 11.

Na formação do mundo, o fogo primitivo agiria como um demiurgo. Dessa maneira, para Crisipo, o fogo originário é um deus; mas o mundo não seria ele próprio um deus:

> O mundo, no sentido do ser individual, é chamado Deus, mas não o mundo no sentido do conjunto de seres que constitui a *diakosmésis*.[87]

Da mesma forma, seria necessário fazer a distinção entre princípios e elementos: diferentes dos princípios, que seriam ao mesmo tempo "corpos e [itens] informes, incriados e incorruptíveis", os elementos, "que são dotados de uma forma, se corrompem dentro da conflagração".[88]

A menos que se entenda que o mundo, formado "a partir da totalidade da substância, [...] incorruptível e incriada, [...] artesão da ordem universal, destruindo (e absorvendo) em si mesmo em determinados períodos de tempo a totalidade da substância e novamente a engendrando a partir de si mesmo"[89], é Deus. Organismo vivo regido racionalmente, ele se forma, se dissolve e se reforma segundo uma seqüência infinita de longos ciclos cósmicos (os grandes anos), escandido por conflagrações ou abrasamentos[90] (*ekpyrôsis*). A própria alma humana é material, composta de ar e fogo, feita de partes corruptíveis da alma universal incorruptível. Por que deveríamos rejeitar, com Plutarco, a "bela sutileza" segundo a qual "Deus não é mortal, mas corruptível"?

---

87. São esses os termos de E. Bréhier, op. cit., p. 147, nota 1, citando Ário Dídimo (SVF, II, 169, 14).

88. Ibidem, 134.

89. DL, VII, 137.

90. A tradução desse termo foi feita a partir de J. Brunschwig, que propôs igualmente "ignificação" para traduzir *ekpyrôsis*.

Existe um devir cíclico do mundo. É essa periodicidade cósmica que entra em jogo na definição crisipiana do tempo: "O tempo é o intervalo que acompanha o movimento do mundo". Não existe tempo do mundo fora do tempo do movimento do mundo: com a dimensão do próprio mundo ou em dimensões mais restritas, o tempo é definido como um limite do movimento de um corpo:

> Da mesma forma que a matéria recebe sua realidade do *pneuma* divino, que a penetra e dela faz um corpo, de igual maneira o tempo infinito, para existir, precisa da vida do mundo, que o determina e o escande segundo seu ritmo periódico.

O tempo não existe dentro de um tempo que lhe seria preexistente: o presente temporal de um período cósmico é definido pela vida do mundo.

Essa concepção, que supõe a simpatia entre as partes do mundo, está afastada *toto mundo* da divisão aristotélica do mundo em mundo sublunar, mundo da geração e da corrupção, cuja regularidade é aquela da "maior parte do tempo" (*epi tó polu*), e mundo supralunar, mundo do imóvel. Retomaremos a maneira como Victor Goldschmidt associa as transformações trazidas pelos estóicos ao real que ele chama de "platônico-aristotélico":

> Se, no lugar das Formas e do Primeiro Motor, os estóicos colocam o Mundo e o Deus corpóreo, eles não substituem somente a idéia pelo corpo, mas a causa final pela causa motriz, ou seja, à sua vontade, o projeto pela atividade.
>
> A isso está ligada a segunda transformação, da qual já falamos: a eternidade que convinha à solenidade imóvel do real platônico-aristotélico é substituída por um ritmo periódico; a eternidade invertebrada, bem próxima do

> não-ser, por um tempo articulado. A terceira transformação consiste em substituir o presente das filosofias eternitárias dentro do tempo real, em fazer dele o único tempo real [...], mas precisamente do tempo, e não mais a eternidade.

Simplício testemunha a diferença que separa Zenão e Crisipo nesse assunto:

> Zenão definiu o tempo como intervalo de qualquer movimento, sem mais, enquanto Crisipo o definiu como "o intervalo do movimento do mundo".[91]

O que confirma Diógenes Laércio:

> [Eles dizem] ainda [alguns estóicos, entre os quais Crisipo] que o tempo é um incorpóreo, sendo o intervalo do movimento do mundo. No sentido do tempo, o passado e o futuro são infinitos, o presente é finito.[92]

Crisipo não pretendia refutar a fórmula de Zenão, mais sim acrescentar-lhe precisão.[93]

Um texto de Ário Dídimo é mais preciso. Crisipo definia o tempo como:

> Intervalo do movimento, no sentido em que o chamamos por vezes de medida da rapidez e da lentidão; ou, ainda, o intervalo que acompanha o movimento do mundo; e é dentro do tempo que todas as coisas se movem e existem. Todavia, o tempo está ligado a duas acepções, assim

91. Simplício, *Comm.* In *Cat.*, f. 88Z – SVF, II, 510.

92. DL, VII, 141.

93. Sobre as adjunções de Crisipo às fórmulas de Zenão no ensinamento ético, cf. *infra*, p. 128 seg.

como a terra, o mar e o vazio: [podemos dele considerar] o todo ou as partes.

Da mesma maneira que o vazio total é infinito em suas duas extremidades; de fato, o passado e o futuro são infinitos. É o que atesta muito claramente sua tese: nenhum tempo é inteiramente presente; pois, já que a divisão dos contínuos vai ao infinito, e que o tempo é um contínuo, cada tempo também comporta a divisão ao infinito; de modo que nenhum tempo é rigorosamente presente, mas o chamamos [assim] até uma certa extensão.

Ele sustenta que somente o presente existe; o passado e o futuro subsistem, mas não existem de modo algum, segundo ele; da mesma forma, somente os atributos que são acidentes [atuais] são ditos existentes: por exemplo, o passeio existe para mim quando eu estou passeando; mas, quando estou deitado ou sentado, ele não existe.[94]

Há continuidade, de Aristóteles aos estóicos, a respeito da existência derivada do tempo e do lugar em relação ao movimento. Esse modo é confirmado pela classificação estóica dos tempos verbais que um escoliasta, Estefano[95], atribui aos estóicos. Os estóicos, com efeito, estiveram na origem da primeira teorização conhecida dos tempos verbais. Alguns relacionaram a inventividade dos estóicos em matéria de teoria dos tempos a uma origem semítica.[96]

94. Ário Dídimo, 26 – *Dox. Gr.*, 461, 19-20. Para complemento, ver Plutarco, *Sobre as concepções comuns contra os estóicos*, XLI.

95. Ver J. Lallot (dir.), *Histoires, Épistémologie, Langage*, VII/1: Études sur les grammairiens grecs, 1985.

96. Cf. Pohlenz, *Die Begründung der abendländischen Sprachlehre durch die Stoa*, 1939, p. 177. Esses homens eram homens do Oriente. Zenão era cipriota; Cícero declara, sobre o exemplo de *proègmenon* (preferível) e seu contrário *aproégmenon*, que nessa língua grega, tão rica,

A corruptibilidade do mundo, seu abrasamento – *ekpyrôsis* –, seu renascimento ou palingenesia, lembram os ciclos alternantes do mundo no *Político* de Platão. O mito do *Político* pretendia de fato expor o "fenômeno" (*pathos*), que chega mesmo a justificar, unindo-os, dos dados míticos que só chegavam a nós de modo disseminado: a interversão do nascente e do poente do sol e de outros astros, os Filhos da Terra (que os homens nasçam da Terra em vez de se engendrarem uns aos outros), o mito de Cronos.

O dispositivo produzido resultava da rejeição de três possibilidades: impossível supor de fato que o mundo pudesse ser o autor contínuo de sua própria rotação, impossível que ela fosse "inteiramente e sem interrupção conduzida por um Deus nessas revoluções alternantes e contrárias", impossível finalmente que essa rotação fosse o efeito de um par de princípios opostos (por exemplo *Philia* e *Neikos*, tradicionalmente traduzidos por Amor e Ódio por Empédocles). O que levava o Estrangeiro a distinguir para o mundo dois ciclos alternantes, um operado sob a regência divina, outro decorrendo do fim da vigilância divina, correspondendo ao ciclo no qual o mundo é deixado sozinho, a passagem de um ao outro ciclo sendo uma zona catastrófica no sentido próprio: uma zona "de acidentes estranhos e insólitos, [...] no momento da passagem para um estado de coisas inverso".[97]

O devir do mundo poderia envolver seu retorno ao mesmo estado. "Nada há evidentemente de impossível,

Zenão criava, no entanto, palavras novas. Cleantes era originário de Asso. Galeno acusava Crisipo, originário de Solunte, na Cilícia, de pretender regulamentar o uso de uma língua que ele mesmo falava muito mal e que nunca se esforçou para aprender corretamente. Pohlenz não manteve essa tese.

97. Platão, *Político*, 270d.

diz Crisipo, que, depois da nossa morte, após muitos períodos de tempo decorridos, sejamos restabelecidos na mesma forma que possuímos agora."[98]

Essa hipótese evoca dessa vez o eterno retorno nietzschiano, para dele afastar-se imediatamente: para seu *pan* teológico-físico, esse eterno retorno simbolizaria aqui "o rigor e a constância na vontade de Deus que conduz o mundo". Diferentes do argumento platônico do devir do mundo no *Político*, o Deus ou a natureza estóicos não alternam a regência, depois o abandono. Diferente do acaso e do caos nietzschiano, dessa feita, o antigo estoicismo desenvolveria, dentro da alternância dos ciclos do cosmos, uma teoria otimista, uma garantia contra a mudança e a instabilidade, e desmentiria assim o heraclitismo que o inspira, lá onde Nietzsche, ao contrário, queria restaurá-lo.[99]

---

98. Crisipo, apud Lactance, *Div. Instit.*, VII, 23 (SVF, II, 623).

99. Ainda é necessária, sobre essa questão das relações entre Nietzsche e o estoicismo, assim como sobre outras (cf. *infra*, p. 179 seg.), uma observação mais detalhada. Pode-se lembrar, por exemplo, o texto intitulado *A nova concepção do mundo* [ed. bras.: *Nietzsche*, 3. ed., São Paulo, Abril Cultural, 1983, p. 396-97 (Os Pensadores)], no qual Nietzsche explica o Eterno Retorno:
"1) O mundo subsiste; ele não é alguma coisa que se transforma, algo que perece. Ou antes: ele se transforma, ele perece, mas nunca começou a se transformar e nunca cessou de perecer – ele se *mantém* nesses dois processos... ele vive de si mesmo [...]
2) A hipótese de um mundo *criado* não deve nos preocupar sequer um instante. O conceito de 'criação' é hoje absolutamente indefinível, inaplicável: não passa de uma palavra que subsiste em estado rudimentar, desde os tempos da superstição; com uma palavra não se explica nada. A última tentativa de conceber um mundo que começa foi feita recentemente em vários lugares, com o auxílio de um procedimento lógico – a maior parte do tempo, como se pode adivinhar, com uma segunda intenção teológica.
O eterno retorno
Filosofia
3) Recentemente, pretendeu-se, de vários lados, encontrar uma contradição na concepção de uma infinidade temporal do mundo *para trás*:

O estoicismo é, portanto, diametralmente oposto a uma doutrina evolucionista; está ausente a idéia de um desenvolvimento gradual. Essa ausência de desenvolvimento gradual poderia unir-se à rejeição de todo "pré-formacionismo",

---

chegou-se mesmo a achá-la, mas para isso, é verdade, foi preciso confundir a cabeça com o rabo. Nada poderá me impedir de dizer, em contagem decrescente a partir deste instante: 'nunca chegarei a um fim': da mesma forma, a partir deste mesmo instante, posso contar 'para a frente' até o infinito. Somente se eu cometesse o erro – e evitarei fazê-lo – de assimilar essa idéia correta de um *regressus in infinitum* à idéia totalmente inaplicável de um processo infinito até o agora, se eu colocasse a direção (para a frente ou para trás) como logicamente indiferente, eu poderia tomar a cabeça – o instante presente – pelo rabo: e isso eu vos deixo, meu caro senhor Dühring...
4) Deparei-me com esse pensamento nos pensadores do passado; toda vez, ele era determinado por outros pensamentos ocultos (a maior parte das vezes, teológicos, a favor do *creator spiritus*). Se o mundo pudesse se congelar, se ressecar, definhar, tornar-se *Nada*, ou se pudesse alcançar um estado de equilíbrio, ou se tivesse um objetivo qualquer que pudesse incluir a duração, a imutabilidade, o 'de uma vez por todas' (resumindo, em termos metafísicos: se o vir-a-ser pudesse desembocar no ser ou no nada), esse estado deveria ser atingido. Mas ele não o é. De onde se pode deduzir... É a única certeza que temos que pode servir de corretivo a uma grande quantidade de mundos hipotéticos, possíveis em si. Se, por exemplo, o mecanismo não pode escapar da conseqüência lógica de um estado final que Thompson concluiu dele, com isso o mecanismo se encontra *refutado*.
5) Se o mundo *pode* ser pensado com uma grandeza determinada de força e como um número determinado de centros de força – e qualquer outra representação permaneça imprecisa e, conseqüentemente, *inutilizável* –, disso resulta que ele deve passar por um número calculável de combinações, no grande jogo de dados de sua existência. Num tempo infinito, qualquer combinação possível será obtida num momento ou em outro: mais ainda: ela seria obtida um número infinito de vezes. E como, entre cada 'combinação' e seu 'retorno' seguinte, todas as demais combinações possíveis deveriam ser apresentadas, e como cada uma dessas combinações determina toda a seqüência das combinações dentro da mesma série, assim se encontrará provado um ciclo de séries absolutamente idênticas: o mundo como ciclo que se repete um número infinito de vezes e que joga seu jogo *in infinitum*.
Essa concepção não é uma simples concepção mecanicista, pois, se ela o fosse, não provocaria um retorno infinito de casos idênticos, mas um estado final. *Porque* o mundo não o atingiu, o mecanismo só pode nos aparecer como uma hipótese incompleta e apenas provisória."

como da virtualidade, de seu absolutismo moral (tudo ou nada), e poderia referir-se a esse ponto de comunhão que liga os estóicos aos megáricos, e que alimenta sua concepção do incorpóreo: o incorpóreo não subsiste senão na presença do corpo que o determina a existir, sem que tenha sido antes potência no sentido de virtualidade, uma virtualidade determinada.

> A ordem das razões está portanto em conformidade com a ordem das coisas. Mas isso nos adverte que esta ordem, fundada em ser, recobre um sistema mais profundo, que não é uma progressão que se conclui, mas a totalidade acabada. Viu-se que o ato extrai toda sua realidade do ser do agente. O fogo originário é completo, é totalmente dado a cada instante de sua vida: sua transmutação se faz, em sentido inverso, através dos mesmos estágios, do abrasamento até a ordem do mundo (*diakosmésis*), para retornar à *ekpyrôsis*.
>
> Este movimento cíclico marca, em conjunto, a atividade e a vida do fogo divino, e a conclusão alcançada a cada momento; os pontos de chegada deste duplo percurso não são fins nem termos. [...]
>
> Da mesma forma, o Destino que encadeia os eventos sucessivos aparece em alguns textos como "o concurso harmonioso dos agentes produzindo espontaneamente seus eventos", isto é, a sucessão é conduzida a uma simultaneidade essencial.[100]

De fato, a sistematicidade estóica não tem outra origem senão o encontro entre este dogma fundamental de um mundo de um lado ao outro racional, de um *kosmos*, e dessa tradição apofântica – cuja decisão foi confirmada

100. V. Goldschmidt, *Le Système stoïcien et l'idée de temps*, p. 62.

por Platão no *Fédon*: dizer a verdade das coisas nos *logoi*.[101] A sistematicidade é um reflexo do *kosmos* que ela descreve, quer dizer, do qual ela expõe a racionalidade: para Crisipo, "não há nenhuma parte do mundo que não esteja em conformidade, em seu estado, com a vontade de Zeus".[102] Da mesma forma, basta deslocar uma letra da doutrina estóica e todo o edifício vai abaixo.[103]

O mundo é uma "unidade plena, contínua, solidária, organizada de alto a baixo, onde tudo se mistura e se interpenetra sem se confundir, onde nada acontece aqui e agora que não repercuta alhures e mais tarde; paralelamente, a própria doutrina se exibe com os mesmos caracteres. Trata-se [...] de uma 'filosofia em bloco'[104] [...] à qual só se pode aderir inteiramente".[105]

As "categorias" estóicas

Resta saber como apenas dois princípios, a matéria informe e não qualificada, passiva, e o *lógos* ativo, podem bastar para dar conta da complexidade do real concreto e alcançar a riqueza de determinação do indivíduo singular e concreto. É visivelmente a teoria estóica que opera essa função, garantindo o ponto de articulação entre a física e a lógica. A doutrina estóica das categorias nos ensina a ordem a seguir para construir nossos enunciados.

Existem quatro categorias estóicas: substrato (*hypokeimenon*), qualidade (*poion*), maneira de ser (*pôs ekhon*), maneira de ser relativa (*prós ti pôs ekhon*). Trata-se, em

101. Cf. *supra*, p. 28.

102. Plutarco, *Sobre as concepções comuns contra os estóicos*, XXXIV.

103. Cícero, *Do sumo bem e do sumo mal*, III, XXII, 74.

104. A expressão é de E. Bréhier.

105. J. Brunschwig, art. cit., in *Philosophie grecque*, p. 516.

grego, de adjetivos ou de particípios. Podem-se aí identificar também os rastros e as etapas de um questionamento. Longe de compor, de fato, como em Aristóteles, a lista de significados dos ditos fora de combinação, as categorias estóicas aparecem como quatro pontos principais de interrogação distintos e sucessivos aos quais submeter uma dada situação a fim de restituí-la em toda sua determinação, obedecendo à ordem de uma precisão progressiva:

> A teoria estóica [...] não empreende uma gênese ontológica, mas uma análise cada vez mais precisa das propriedades que constituem e que manifestam o ser concreto. Na verdade, as duas primeiras categorias podem ser ditas constitutivas da coisa (substâncias, qualidades), ao passo que as duas últimas exprimem manifestações exteriores (maneiras de ser e maneiras de ser relativas).[106]

As categorias estóicas não constituem, portanto, uma classificação de diferentes tipos de realidades, mas "uma análise dos diversos níveis nos quais podemos nos colocar para descrever diversamente as mesmas entidades"[107], assim como a ordem desses níveis, como a própria ordem de questionamento tendo em vista a exposição, a mais precisa possível, de uma situação determinada.

Na teoria do conhecimento, a teoria da representação nos proporciona uma entrada dentro desse mundo organicamente interligado, onde a representação é o efeito produzido em nossa alma por uma situação particular do mundo: um ou vários corpos em situação, ou seja, dentro de certa maneira de ser. Os estóicos definiam o conhecimento como a passagem do evidente (*délon*) ao

---

106. V. Goldschmidt, *Le Système stoïcien et l'idée de temps*, p. 21-22.

107. J. Brunschwig, *Les Stoïciens*, p. 540.

não-evidente (*adélon*). Certo tipo de representação, a representação compreensiva, tinha esta evidência por característica. Do ponto de visto da física, é o "modelo conjuntivo"[108] do mundo que o sustenta, a rede sem rasgo da Providência. A lógica nos ensina as regras de construção de nossos enunciados, a fim de que sejam verdadeiros e o mais determinados possível:

> O objetivo do lugar lógico é explicar como um enunciado, recebido na ausência de seu autor, que não poderá garantir-lhe a defesa nem argüir sua boa-fé, e fora da situação perceptiva que o suscitou, oferecido como um dado sensorial exangue através da voz, pode, entretanto, ser considerado fiável, verdadeiro ou falso, diretamente ou por inferência.[109]

---

108. Cf. J. Brunschwig, *Études sur les philosophies héllenistiques*, cap. "Le modèle conjonctif", p. 161-87.

109. C. Imbert, *Pour une histoire de la logique*, p. 92.

2
Lógica 1
Teoria da representação

Primeiro acesso: a representação (phantasia)

Simples instrumento (*órganon*) para Aristóteles e na tradição peripatética, a lógica torna-se, com os estóicos, uma parte fundamental da filosofia. O lugar lógico se abre sobre uma teoria do conhecimento, centrada na representação (*phantasia*). É o que demonstra o início da exposição de Díocles de Magnésia:

> Os estóicos consideram que é preciso colocar, em primeiro lugar, a teoria relativa à representação e à sensação, na medida em que o critério, através do qual a verdade das coisas é conhecida, é genericamente uma representação, e também porque a teoria do assentimento – e a da apreensão e da intelecção –, que vem antes das outras, não pode existir sem representação.
>
> A representação vem de fato em primeiro lugar, depois o pensamento, que é predisposto à palavra, que exprime pela linguagem o que ela experimenta do fato da representação.[1]

1. DL, VII, 49.

Resulta desse texto que a teoria relativa à sensação é uma teoria da representação; que os dois processos ordenados que são aqui expostos começam pela representação, assentimento, apreensão e intelecção, por uma parte; representação, pensamento predisposto à palavra, por outra parte. O segundo processo não é outro senão o processo do pensamento, "naturalmente loquaz"[2], que exprime ou transcreve a representação na linguagem. O primeiro descreve a ordem crescente em determinação que, da representação, leva ao conhecimento.[3]

A representação é um "efeito sofrido na alma" (*pathos en tèi psykhèi*), mais exatamente na parte diretora (*hegemonikon*), onde se produzem impulsões e representações, e a partir da qual a linguagem é emitida.[4]

Em primeiro lugar, é necessário distinguir a *phantasia* estóica, ou representação, e a *phantasia* aristotélica, ou imaginação, produtora de imagens (*phantasmata*). A palavra *phantasia* não tem um *status* particular em Platão[5], que só utiliza o substantivo equivalente do verbo *phainesthai*. Foi Aristóteles que, primeiramente, em seu tratado *Da alma*, definiu a *phantasia* como uma faculdade intermediária entre a sensação e o pensamento e que, em princípio, só entra em funcionamento após o desaparecimento do objeto da sensação. Como a sensação, a *phantasia*, a imaginação, pode ser verdadeira ou falsa.

O emprego que os estóicos fazem da palavra *phantasia* entra em conflito direto com a teoria de Aristóteles.

Para começar, para ser verdadeiro, o conhecimento deve ser verdadeiro de imediato. Os estóicos não pretendem elaborar o conhecimento verdadeiro a partir do

2. Retomo aqui a tradução de Claude Imbert.

3. Cf. *infra*, p. 88 seg.

4. DL, VII, 159.

5. Cf. V. Goldschmidt, *Le Système stoïcien et l'idée de temps*, p. 111.

fundamento incerto de uma sensação suspeita, suscetível de erro. Eles rejeitam, igualmente, como veremos, mesmo a distinção entre sensação e intelecção, que implicaria graus de certeza que o conhecimento percorreria sucessivamente. Aqui, mais uma vez, "a certeza deve ser apresentada imediatamente dentro dos conteúdos de consciência que poderíamos, em seguida, dividir em sensíveis e intelectuais"[6], sem que tal divisão, ulterior e secundária, faça supor uma diferença de certeza entre os conteúdos de consciência mencionados.

Os estóicos chamam de *phanthasiai*, "representações", os conteúdos de consciência através dos quais é preciso "dar início" ao conhecimento. Mais exatamente, como veremos adiante, o fundamento do conhecimento não é apenas a representação, mas a representação dita "compreensiva" (*phantasia katalèptikè*). Assim, os estóicos "retomam o termo aristotélico e o desviam inteiramente de seu sentido, como se fosse para desarmar, até em sua expressão verbal, uma doutrina que ameaçaria a exigência de certeza imediata. Todo o lado 'imaginário' e, também, arbitrário da *phantasia*, segundo Aristóteles, passa inteiramente no 'fantasma', objeto aparente apreendido pela 'imaginatividade'".[7]

Um texto fundamental de Aécio expõe a diferença entre a representação (*phantasia*), o representado (*phantaston*), a imaginatividade (*phantastikon*), o fantasma ou objeto aparente (*phantasma*):

> Segundo Crisipo, esses quatro termos se distinguem entre si. A representação (*phantasia*) é uma afecção (*pathos*) produzida no interior da alma e que manifesta ao mesmo tempo ela própria e o objeto que a provocou.

---

6. V. Goldschmidt, *Le Système stoïcien et l'idée de temps*, p. 111.
7. Ibidem.

Por exemplo, quando percebemos pela visão o branco, a afecção é aquilo que se produz no interior da alma, após a visão. E, segundo essa afecção, podemos dizer que ela tem por fundamento o branco de onde a vibração partiu. O mesmo ocorre quando a afecção se produz por meio do tato ou do olfato. – A representação extrai seu nome do da luz (*phôs*), pois, da mesma maneira que a luz permite ver, tudo junto, ela mesma e os objetos que ela envolve (*periekhomena*), também a representação permite ver, tudo junto, ela própria e o objeto que a produziu.

O representado (objeto da representação, *to phantaston*) é o objeto que produz a representação; por exemplo, o branco, o frio e, de modo geral, tudo aquilo que é capaz de vibrar a alma (*kineîn ten psykhèn*), é objeto de representação.

A imaginatividade (*to phantastikon*) é uma atração do vazio (*dakenos elkysmos*), uma afecção que se produz na alma, mas sem que seja a partir de um objeto qualquer (*ap'oudenos phanastoû*), como quando alguém luta contra as sombras e chega às vias de fato com o vazio; é que a representação tem por fundamento um objeto (*tèi phantasiai hypoketai ti phantaston*), mas a imaginatividade não está fundamentada em nada.

O objeto aparente (*to phantasma*) é aquilo em direção ao qual somos arrastados nessa atração do vazio imaginativa; é o que se produz nos melancólicos e nos loucos.[8]

Longe de entender, com Aristóteles, a *phantasia* como produtora de *phantasmata*, os estóicos distinguem bem claramente a diferença entre representação (*phantasia*) e fantasma (*phantasma*):

8. Aécio, IV, 12, 105.

> A representação difere do fantasma. O fantasma é de fato uma aparição [produzida] pelo pensamento, como acontece nos sonhos, enquanto a representação é uma marca na alma, quer dizer, uma alteração, como o sustenta Crisipo no segundo livro de seu tratado *Sobre a alma*.[9]

Vale lembrar que, para Crisipo, o termo representação (*phantasia*) extrai seu nome da luz (*phôs*).[10]

Os estóicos, já na elaboração do ponto de partida representativo, atiram contra Aristóteles toda exterioridade entre a sensação, a imaginação e a intelecção.

Kant assentava na atividade misteriosa da imaginação o esquematismo, a possível adequação entre as intuições da sensibilidade e os conceitos do entendimento. Se considerar o esquematismo como o dinamismo que permite as relações entre intuições sensíveis e conceitos de entendimento só nos leva a evocar essa "arte oculta nas profundezas da alma humana"[11], melhor começar por esse mistério, ou seja, por uma teoria da representação.

Tal início apresenta a vantagem de economizar a distinção entre potência e ato, indispensável a Aristóteles para justificar as duas atividades análogas da sensação e da intelecção. Sensação e intelecção efetivas se definiam pela

---

9. DL, VII, 50.

10. Ver p. 71-72.

11. Kant, *Critique de la raison pure*, trad. para o francês de A. Tremesaygues e B. Pacaud, 10. ed., Paris, PUF, 1984 (Quadrige), "Analytique des principes", "Du schématisme des concepts purs de l'entendement", p. 153: "este esquematismo de nosso entendimento, relativo aos fenômenos e à sua simples forma, é uma arte oculta nas profundezas da alma humana e da qual será sempre difícil extrair o verdadeiro mecanismo (*Handgriffe*) da natureza, para expor à descoberta diante dos olhos". [Ed. port.: *Crítica da razão pura*, 2. ed., Lisboa, Fundação Calouste Gulbenkian, 1989.]

assimilação, no paciente[12], entre o que sente e o sentido, a inteligência e o inteligível. A teoria estóica da representação considera tal assimilação como dado e a determina como ponto de partida da ciência. Em seguida, "o dogmatismo estóico nada mais é do que a hipótese de uma consecução perfeita, sob a aparência de comportamentos mais ou menos harmonizados, entre a apreensão sensorial, o discurso interior, a expressão e sua interpretação correta".[13]

Polêmica entre [Zenão,] Cleantes e Crisipo sobre a definição de representação

Segundo o testemunho de Sexto Empírico[14], a representação é, para Zenão, impressão na alma; para Cleantes, ela seria a impressão em relevo, através de cavidades e saliências. Crisipo, modificando a interpretação literalista que faz Cleantes da definição zenoniana da representação[15], efetua a passagem de um modelo da impressão (*typôsis*) a um modelo da alteração (*alloiôsis*): se a representação fosse uma impressão, semelhante à marca deixada por um selo, haveria o risco de superposição das impressões sucessivas, portanto de interferências, "visto que não é possível que marcas múltiplas coexistam simultaneamente no mesmo lugar".[16]

Compreender a modificação que Crisipo traz à definição de Zenão da representação implica precisar o modelo

12. Aristóteles, *Da alma*, III, 2, 426a10: "assim como o ato de produzir e o de sofrer ocorrem no paciente que sofre, não no agente que produz, do mesmo modo a atividade do sensível e a do sensitivo ocorrem no sujeito capaz de sentir".

13. C. Imbert, *Pour une histoire de la logique*, p. 102.

14. Sexto Empírico, *Adv. Math.*, VII, 244. O texto de Sexto em VII, 373-74, mereceria igualmente ser analisado em detalhe.

15. Sexto Empírico, *Adv. Math.*, VII, 230.

16. DL, VII, 50.

da impressão que ele critica. Associa-se normalmente a pregnância à psicologia aristotélica do tratado *Da alma* – na intelecção, a alma é, de algum modo, todos os inteligíveis, ao passo que, antes de pensar, ela não é nada[17], da mesma forma que, na sensação, ela é, de alguma forma, todos os sensíveis.[18]

Sensação e intelecção são análogas, ambas são assimilações. Daí a concepção da alma como uma tábula rasa, que nada é antes de sentir e antes de pensar, que não contém em si nenhuma especificidade, nenhuma informação que poderia criar interferência nas informações dos sentidos ou do pensamento: tábula rasa, no sentido técnico de uma tábua bem preparada para receber o selo da impressão. O que nos leva de volta à idéia estóica segundo a qual, "quando um homem nasce, a parte hegemônica de sua alma é como um papiro pronto para a impressão".[19]

Mas esse modelo da impressão existe e já predomina em Platão: no *Banquete*, onde o amor é apresentado como um comércio entre as almas (ainda que o amor comece pela beleza dos corpos), há um momento em que não há mais almas, mas o oceano do Belo. O outro corpo, a outra alma, não passa de um meio, o intermediário (*metaxy*) na direção do Belo. Quanto a isso, a última palavra de Platão não é alma, mas inteligível, na medida em que o inteligível volatiliza a alma considerada como um suporte independente. Ao qual se acrescentariam os desenvolvimentos sem equívocos do *Alcebíades*.[20]

---

17. Aristóteles, *Da alma*, III, 4.
18. Sobre a relação entre sensação e alteração em Aristóteles, podemos nos referir ao tratado *Da alma*, II, 5.
19. SVF, II, 28, 13.
20. Platão, *Alcebíades*, a partir de 130a.

Pode-se igualmente retomar a maneira como Lacan, tentando pensar "o mito de uma consciência sem ego", define-a como "o reflexo da montanha em um lago".[21] Se, no homem, a consciência fosse sem ego, o sujeito seria estritamente idêntico à sua percepção, e a consciência seria o reflexo da montanha no lago. Na contemplação, que volatiliza a alma, alguma coisa acontece que é dessa ordem, a tal ponto que não há mais consciência, e que não há mais reflexo. Que não há mais lago. Que há a montanha.

Aristóteles não descreve outra coisa quando diz que, na intelecção, a alma é os inteligíveis. Se a alma é os inteligíveis, não há mais alma, há os inteligíveis. A alma é única e exclusivamente uma tela (tela impassível sobre a qual o objeto se projeta sem interferência possível), a ponto de já nem sequer ser uma tela.

A lógica da impressão intervém, além disso, na maneira como Sócrates, em *Fédon*, "extrai", por assim dizer, os inteligíveis do questionamento dialético. É, primeiramente, por ocasião de uma percepção qualquer que Platão distingue a pista das Idéias e deduz a necessidade epistemológica de um saber prévio das Idéias. A sensação, qualquer que seja, não está jamais solitária, ela está sempre acompanhada de uma constatação, que é uma avaliação negativa, e uma avaliação negativa dessa sensação: o fato dessa avaliação negativa, que orla e reforça a sensação, pressupõe, para Platão, que os inteligíveis existem – são – como a própria medida que induz esta avaliação negativa:

21. Lacan, *Le Séminaire*. Tomo II. Le moi dans la théorie de Freud et dans la technique de la psychanalyse, Paris, Seuil, 1978, p. 210. [Ed. bras.: *O Seminário*. Livro 2. O eu na teoria de Freud e na técnica da psicanálise, Rio de Janeiro, Jorge Zahar, 1985.]

> Toda vez que, vendo uma coisa, nos fazemos esta reflexão: "o que ela deseja, esta coisa que agora eu vejo, é ser semelhante a uma outra realidade, mas ela fica devendo e é impotente para ser igual da mesma maneira que a outra, na verdade ela é mais imperfeita" – aquele que refletir sobre isso deve necessariamente, eu acho, reconhecer ter tido anteriormente um saber da realidade à qual, como ele o afirma, a coisa tende a assemelhar-se, permanecendo sofrivelmente deficiente.[22]

Apenas um saber anterior à Idéia que funciona como medida justifica o sentimento de imperfeição que experimentamos em cada uma de nossas sensações.[23] Mas esse dispositivo resulta em outro *lógos* dialético, que procede através de perguntas e respostas:

> Se adquirimos esta ciência antes de nascer, já que a possuímos no nascimento, tínhamos, antes de nascer e logo ao nascer, um saber não somente do igual, do maior, do menor, mas de tudo aquilo que é da mesma ordem, sem exceção?
>
> Pois não é preciso dizer que nosso raciocínio presente não incide mais sobre o igual do que sobre o belo em si, o bom em si, ou o justo, ou o piedoso – em uma palavra, sobre tudo aquilo em que imprimimos a marca "o que é", assim como em nossas perguntas quando perguntamos e em nossas respostas quando respondemos.[24]

Algo aqui funciona nitidamente no modo da impressão, da marca – se há marca, é porque existe um selo que deu suas características à marca. Em tal dispositivo,

---

22. Platão, *Fédon*, 74d-e.
23. Ibidem, 75b.
24. Ibidem, 75c-d.

que pressupõe que a marca seja efetivamente a de um selo, se nosso questionamento incide sobre a *ousia*, é que a *ousia* verdadeiramente existente pode produzir o questionamento da *ousia* em nossos argumentos. Se estivermos em condição de imprimir a marca de "o que é" em nossas perguntas e nossas respostas, é porque existem verdadeiramente itens que têm verdadeiramente essa característica. Reencontraremos aí o protocolo da primeira prova pelos efeitos, tal qual ela aparece nas *Meditações metafísicas* de Descartes.[25]

Mas o que se acha aqui pressuposto é igualmente que o próprio *lógos* seja um meio que não transgride, em nenhum ponto, a lógica platônica do objeto: as características da experiência, incluindo aí a lógica, no senso estrito, do objeto são as características do objeto. O *lógos* não é, exatamente, um suporte da exceção: ainda que o projeto platônico o eleja como meio privilegiado da filosofia, ele não cria exceção para a realidade física; sem permanecer realidade eficaz, palavra do rei de justiça, do divino ou do poeta[26], permanece uma realidade física submetida às mesmas leis que toda realidade física.

Aristóteles conserva um grande aspecto do dispositivo platônico da lógica e do objeto. O tratado *Da alma* é prova disso: dentro da sensação, efetiva, o aparelho

25. Ver Descartes, Meditação terceira: "[...] toda a força do argumento que aqui usei para provar a existência de Deus consiste naquilo que reconheço que não seria possível que minha natureza fosse tal como é, quer dizer, que eu tivesse em mim a idéia de um Deus, se Deus não existisse verdadeiramente; este mesmo Deus, digo eu, do qual a idéia está em mim, quer dizer, que possui todas essas elevadas perfeições, sobre as quais nosso espírito pode bem ter alguma idéia sem por isso compreendê-las todas, que não está sujeito a quaisquer anomalias, que não tem nada de todas as coisas que marcam alguma imperfeição".

26. Cf. Marcel Detienne, *Les Maîtres de vérité dans la Grèce archaïque*, Paris, François Maspéro, 1981. [Ed. bras.: *Os mestres da verdade na Grécia arcaica*, trad. Andréa Daher, Rio de Janeiro, Jorge Zahar Editor, 1988.]

sensorial torna-se, de algum modo, os sensíveis; dentro da intelecção efetiva, a alma torna-se, de algum modo, todos os inteligíveis.[27] Existe no caso da sensação e no da intelecção absoluta virgindade do meio, e uma virgindade "renovada", com recursos distintos, da sensação e da intelecção.[28] Mas o *lógos* transgride esse funcionamento por assimilação. O *lógos*, por outro lado, não é um meio como o aparelho sensorial, ou a alma; existem regras próprias, imanentes, do *lógos* – o que nos traz de volta o primeiro ponto: cada dito fora de combinação cai necessariamente sob o jugo das categorias, que são a distribuição imanente dos significados predicativos.[29]

É dentro de um contexto dominante de tal lógica da impressão que intervém a polêmica entre [Zenão,] Cleantes e Crisipo.

É, primeiramente, em nome de uma imediata pluralidade das sensações que Crisipo propõe modificar a definição de representação: não uma inscrição na alma, mas uma alteração da alma, já que "não é possível que múltiplas marcas coexistam simultaneamente no mesmo lugar".[30]

Convém notar que o risco de interferência, longe de ser ignorado, se encontra deslocado. É porque a sensação

27. Cf. por exemplo *Da alma*, III, 8, 431b20: "Convém repetir que a alma é, num sentido, os próprios seres. Todos os seres, de fato, são sensíveis ou inteligíveis, e a ciência é, num sentido, idêntica a seu objeto, assim como a sensação é idêntica ao sensível".

28. Aristóteles faz uma distinção, contudo, nessa relação entre intelecção e sensação. As impassibilidades da faculdade sensitiva *e* da faculdade intelectual não se parecem. De fato, "o sentido não é mais capaz de perceber após uma excitação sensível demasiadamente forte: por exemplo, não percebemos o som após ouvir sons intensos, não mais do que, na seqüência de cores e odores possantes, não podemos ver ou sentir o cheiro. Ao passo que o intelecto, após ter pensado num objeto fortemente inteligível, não se mostra menos capaz, muito pelo contrário, de pensar os objetos que o são mais fracamente" (*Da alma*, III, 4, 429a30-429b4).

29. Ver p. 66.

30. Ver p. 74.

pretendida como marca não podia se fazer através de um meio termo especificado, a não ser correndo o risco de que essas mesmas especificações acabem por interferir nas informações dos sentidos, que a alma devia ser concebida como uma tábula rasa. Aqui, é porque as marcas superpostas correm o risco de se contrariar, e de contrariar suas potências informativas respectivas, que é preciso passar de uma definição da representação como marca na alma àquela da representação como alteração da alma.

O risco de interferência, portanto, permanece, como a necessidade de garantir a característica ótima das informações, e assim a afirmação da verdadeira possibilidade de sua transmissão ótima e exaustiva. O que muda é, de uma parte, a maneira de conceber a sensação, e, de outra, a maneira de conceber a alma.

Como Crisipo parece considerar daí em diante a sensação e depois a alma? Veremos que as diferenças de concepção que ele propõe nos dois casos são coerentes entre si, assim como com outras determinadas modificações que ele introduziu na filosofia estóica.

Modificação na maneira de conceber a sensação de uma parte, posto que Crisipo não considera uma sensação, mas sempre uma pluralidade de sensações. Crisipo aprofundou a análise da ancoragem perceptiva: ele considera uma imediata multiplicidade perceptiva. Uma sensação nunca está isolada: ela está sempre capturada dentro de um feixe de sensações. Tudo levado em consideração, ele não fazia senão explicitar a procedência da concepção do senso comum, tal como Aristóteles o tinha desenvolvido em seu tratado *Da alma*, tal como Platão já o colocava em *Teeteto*: o problema da unidade sintética das diferentes sensações – que eu possa dizer: o fel é amargo e amarelo.

A maneira como Crisipo propõe entender a definição zenoniana da representação – Zenão, falando de impressão, devia entender alteração e a representação deve ser compreendida como uma alteração da alma – repousa na sua concepção de uma complexidade e de uma multiplicidade imediatamente inerentes à percepção, que não poderá se conciliar com a univocidade de uma representação-marca: "não se deve compreender esta marca como a marca deixada por um selo, já que não é possível que marcas múltiplas coexistam simultaneamente no mesmo lugar".[31]

A explicação é mais desenvolvida em Sexto que em Diógenes: em primeiro lugar, se a representação fosse uma impressão, quando o pensamento (*dianóia*) se representa, num dado momento e sob uma única e mesma forma, "alguma coisa" que é quadrada e "alguma coisa" que é triangular, seria preciso que o mesmo corpo possa assumir simultaneamente diferentes figuras e se tornar a um só tempo quadrado e triângulo, o que é impossível; em segundo lugar, "quando múltiplas representações coexistem em nós simultaneamente, seria igualmente necessário que a alma recebesse um grande número de formas, o que é ainda pior do que o caso precedente".[32]

Esse último caso considera a alma tomada de interferência, pela sobreposição das marcas. O primeiro se associa com a lógica do objeto, que Crisipo não põe em questão: se tenho a um só tempo dentro do espírito um objeto que é triangular e um objeto que é quadrangular, a definição da representação como marca torna necessário que exista um objeto que seja ao mesmo tempo quadrado e triangular – o que é um absurdo.

Se a representação é definida, ao contrário, como alteração da alma, "não há mais nada de absurdo no fato de que o mesmo corpo, num único e mesmo tempo, possa acolher numerosas alterações, enquanto numerosas representações

31. DL, VII, 50.

32. Sexto Empírico, *Adv. Math.*, VII, 230.

se produzem juntas em nós". Sexto relata uma analogia entre o ar e a parte dominante da alma:

> Do mesmo modo [de fato] que o ar, quando várias pessoas falam ao mesmo tempo, recebe naquele momento singular inumeráveis impactos diferentes e sofre ao mesmo tempo um bocado de alterações, também a parte dominante, afetada por representações variadas, sofrerá algo de análogo.[33]

Essa nova maneira de considerar a representação como alteração, e não mais como impressão, é então perfeitamente solidária à nova concepção da alma proposta pelo estoicismo: a alma compreende oito partes, os cinco sentidos, a parte vocal ou *phonètikon*, a parte seminal, ou *spermatikon*, e a parte dominante, ou *hegemonikon*, "a partir da qual tudo isso se estende inteiramente pelos órgãos apropriados, de modo comparável aos braços de um polvo".[34] Ou ainda: a parte diretora da alma é como um rei que envia mensageiros, como o tronco de uma árvore, como a aranha no centro de sua teia[35], como a nascente de um rio.[36]

A definição da representação como alteração, solidária à metáfora da parte diretora da alma como polvo, aranha, ou nascente de um rio, substitui a univocidade de

33. Sexto Empírico, *Adv. Math.*, VII, 230.

34. SVF, II, 226, 17.

35. Para essa metáfora, cf. Heráclito, fragmento B 67: "assim [como] a aranha, disse ele, imóvel no meio da teia, sente, logo que uma mosca rompe algum fio, e para lá corre rapidamente, como afetada de dor pelo corte do fio, da mesma forma a alma do homem, quando alguma parte do seu corpo é ferida, para ela se precipita, como se ela não pudesse suportar o ferimento desse corpo ao qual está sólida e harmoniosamente ligada".

36. "As partes da alma escoam como da nascente de um rio desde seu foco dentro do coração e se difundem através do corpo."

uma lógica da marca pelo modelo plástico de uma modificação por formação e deformação – figuração e desfiguração. De fato, é também uma mudança na maneira de pensar a alma e suas partes que se acha operante tanto na metáfora da alma-polvo quanto na definição da representação como alteração.

Jacques Brunschwig mostrou que, "por razões ao mesmo tempo psicológicas e morais, Crisipo, e com ele os estóicos mais conseqüentes, adotam uma concepção 'monista' da alma".[37] Seu princípio diretor, o *hegemonikon*, para voltar ao "condutor", "chefe" ou "comandante", não está por isso estritamente separado de suas outras instâncias, elas próprias irredutíveis a partes estritamente separadas umas das outras; da mesma maneira, a relação entre suas instâncias não é irredutível ao estabelecimento de uma ordem ou de uma desordem. Na alma, tudo se comunica, tanto as informações como as modificações, da mesma forma como ocorre no mundo.[38] O que derruba a objeção que Plutarco dirige aos estóicos:

> Após ter fixado as idéias inatas como noções deixadas na reserva, as lembranças como marcas estáveis e capazes de se manter, as ciências como infalíveis e certas, eles dão como base e sede a essas realidades fixas uma substância fugaz, dispersa, sempre móvel e fluida.[39]

A alma-polvo é um meio alterável, deformável, plástico, condutor de informações, de modificações, de configurações e desfigurações. As atividades sensoriais são

37. J. Brunschwig, artigo citado em *Philosophie grecque*, p. 551; cf. *infra*, p. 149-53.
38. Cf. *supra*, "Física", p. 42.
39. Plutarco, *Sobre as concepções comuns contra os estóicos*, 47, 1084a10.

emanações da parte diretriz que circulam dentro do corpo para voltar em seguida à parte diretora:

> [A visão] é o sopro se estendendo da parte diretora aos olhos, a audição é o sopro se estendendo da parte diretora aos ouvidos, o olfato, o sopro se estendendo da parte diretora ao nariz, o paladar, o sopro se estendendo da parte diretora à superfície [do corpo] por um tato que permite sentir bem as coisas que passam a nosso alcance.
>
> Quanto às outras partes, chama-se de semente o sopro que se estende da parte diretora aos órgãos sexuais, e a fonação, como a chama Zenão, é o sopro se estendendo da parte diretora à faringe, à língua e aos órgãos apropriados.[40]

Definir a representação como alteração para sustentar a imediata multiplicidade da sensação, afirmar correlativamente que uma sensação é imediatamente co-sentida com outras sensações, põe em questão uma outra divisão, até esse ponto análoga à divisão da alma que Crisipo, justamente, desloca: ele recoloca então, novamente fresco, o problema da sensação como sensação dos sensíveis próprios e dos sensíveis comuns e propõe uma alternativa à sua resolução aristotélica pelo senso comum. De fato, o *hegemonikon*, como parte principal da alma, e de uma alma-polvo, reúne as condições, positivas e negativas, exigidas por Aristóteles: ela não é um órgão sensorial especial para os sensíveis comuns; ela dá um sentido à atividade dos sentidos, que "agem [...] não enquanto sentidos separados, mas como formador de um único sentido, quando se produz uma simultaneidade de sensações relativas ao

---

40. Plutarco, *Sobre as concepções comuns contra os estóicos*, II, 836.

mesmo objeto"[41], para formar a percepção complexa e o julgamento associado segundo os quais, por exemplo, o fel é amargo e amarelo.

É a atividade sintetizante do *hegemonikon* que garante a unidade da multiplicidade perceptiva e a concepção de uma alma-polvo substitui a compartimentação das faculdades distintas pelo processo de uma alma envolvida num modelo contínuo, comunicante e simultâneo, de deformações múltiplas, singulares e ramificadas, que lhe garante uma mobilidade plástica de configurações e desfigurações por tensões e distensões contínuas. O tema é exatamente o da multiplicidade dentro da alma:

> Cada um de nós é um jardim, ou uma estrebaria, ou um cavalo de madeira.[42]

Tipologia das representações

Pelo testemunho de Diógenes Laércio, temos acesso a uma primeira tipologia das representações: representações sensíveis e representações não-sensíveis; representações lógicas e representações não-lógicas; representações técnicas e representações não-técnicas.

As *representações sensíveis* são aquelas "percebidas por um ou vários órgãos dos sentidos" (elas podem vir de coisas reais ou ser apenas aparências), as representações não-sensíveis são "aquelas percebidas pelo pensamento, como a dos incorpóreos ou de outras coisas apreendidas pelo raciocínio".[43]

---

41. Aristóteles, *Da alma*, III, 1, 425a15.
42. Plutarco, *Sobre as concepções comuns contra os estóicos*, XLV.
43. DL, VII, 51.

As *representações lógicas* são aquelas dos animais lógicos, quer dizer, dotados de *lógos*, de razão discursiva: os homens; as representações não-lógicas são aquelas dos animais desprovidos de razão discursiva e todas as representações de um animal lógico são representações lógicas.

As *representações técnicas* são diferentes das representações não-técnicas no que se refere à diferença de delicadeza, dentro da apreciação perceptiva, que separa um técnico de um não-técnico.[44]

O testemunho de Sexto Empírico nos dá os meios de depurar essa tipologia das representações. Devemos, além disso, distinguir entre representações prováveis, improváveis, prováveis e improváveis, nem prováveis nem improváveis.

Uma *representação provável* é uma representação "que produz um leve movimento dentro da alma", "como o fato de que no momento seja dia e que eu esteja falando"; uma *representação improvável* é uma representação da qual retiramos nosso assentimento, por exemplo, "se é dia, o Sol não está deste lado da Terra", ou, "se está escuro, é dia"; uma *representação ao mesmo tempo provável e improvável* (em conseqüência, indecidível) é uma representação que flutua entre probabilidade e não-probabilidade, como aquelas que se encontram na origem dos enunciados aporéticos; uma *representação nem provável nem improvável*, finalmente, é uma representação que se encontra na origem de um julgamento tal como "as estrelas são em número par, as estrelas são em número ímpar".[45]

44. Cf. Cícero, *Academica priora*, II, VII, 20: "Quantas coisas que não vemos e vêem os pintores nas cavidades e nos relevos! Quantos detalhes nos escapam na música que são ouvidos pelos artistas exercitados! Ao primeiro som de uma flauta, eles nos dizem: É Antíope ou Andromaque, enquanto nós de nada suspeitávamos".

45. Para a íntegra dessa passagem, cf. Sexto Empírico, *Adv. Math.*, VII, 242-43.

As representações prováveis se dividem em *representações verdadeiras*, *falsas*, *verdadeiras e falsas*, *nem verdadeiras nem falsas*.

Uma *representação verdadeira* é uma representação "a partir da qual é possível realizar uma predicação verdadeira, como no momento, que é dia".

Uma *representação falsa* é uma representação a partir da qual é possível realizar uma predicação falsa.

Um exemplo de *representação ao mesmo tempo verdadeira e falsa* é a representação de Electra que experimenta Orestes em sua loucura: ela é verdadeira enquanto remete a um corpo real, isto é, Electra, mas falsa, posto que Orestes não a apreende como Electra, mas como uma Fúria (ela é, portanto, verdadeira quanto à realidade de seu objeto e falsa quanto à sua qualidade).

Uma *representação nem verdadeira nem falsa* é uma representação genérica: como exemplo, os gêneros cujas aplicações particulares possuem características determinadas não possuem essas características.

A representação compreensiva (**phantasia katalèptikè**)

As representações verdadeiras, finalmente, se dividem em *representações compreensivas* e *representações não-compreensivas* – compreensiva, no sentido ativo: capaz de apreender ativamente os objetos.

Uma *representação não-compreensiva* é uma representação experimentada por uma pessoa doente: assim, somente a doença ou a característica defeituosa do aparelho perceptivo do sujeito que sente impedem uma representação verdadeira de ser compreensiva.

Uma *representação compreensiva*, por sua vez, que os estóicos apresentam como o critério da ciência, é "a representação que deriva de um existente e que foi impressa, segundo este mesmo existente do qual ela traz o selo, de tal modo que não poderia derivar de um não-existente; na medida em que eles sustentam que esta representação é capaz de apreender exatamente os objetos, e é selada de tal maneira que ela reproduz, no modo artístico, suas características próprias, eles dizem que ela possui cada uma de suas características como atributo".[46]

A classificação das representações, da representação não-provável à representação compreensiva, segue a ordem de uma determinação crescente cujos dois extremos são os seguintes: a representação não-provável, à qual recusamos nosso assentimento; a representação compreensiva, ao contrário, "evidente e surpreendente, nos puxa, por assim dizer, pelos cabelos, nos arrastando ao assentimento".[47] A representação provável é um leve movimento que afeta a alma superficialmente; a representação compreensiva realiza o grau máximo de precisão. O correlato da representação compreensiva é reproduzido com a maior precisão. A alma é tão precisamente afetada por ela que o assentimento fica evidente. Essa descrição está de acordo com a famosa cenografia estóica, que descreve a aquisição da ciência como um processo de concentração e de estabilização:

> Ninguém sabe nada, exceto o sábio. Zenão o demonstrou por meio de gestos. Mostrava sua mão aberta, os dedos esticados: "Aqui está a representação", dizia ele; depois, contraía levemente os dedos: "aqui está o assentimento".
>
> Em seguida, fechava a mão. dizendo: "Aqui está a compreensão"; aliás, é consoante a essa imagem que ele deu a este ato um nome que não existia até então, chamou-o *katalípsis*; depois, com a mão esquerda, ele

46. Sexto Empírico, *Adv. Math.*, 248-249.

47. Ibidem, 257.

apertava com força a direita dizendo: "Aqui está a ciência que ninguém possui, exceto o sábio".[48]

A lógica zenoniana admite por critério a representação compreensiva (*phantasia katalêptikê*), que retranscreve, à maneira artística, as características do objeto, que é, dentro da alma, um modelo reduzido da situação à qual o sujeito que conhece não poderia, por assim dizer, deixar de dar seu assentimento:

> A imagem [...] detém, dentro dos lineamentos que a compõem, ao mesmo tempo uma esquematização física do objeto e os rudimentos de seu enunciado.[49]

Se os estóicos "tomam por guia a sensação e [...] têm fé nela para estabelecer os princípios e o resto"[50], é porque admitem por critério da verdade a representação compreensiva. Um outro pressuposto consiste aqui na convicção, já manifesta em Platão[51], de que temos boas imagens, que os sentidos, "intérpretes e mensageiros das coisas"[52], são bons mensageiros – a idéia de que os sentidos sejam mensageiros não é uma metáfora, e a anedota seguinte o confirma:

> Perguntou-se [a Zenão] como ele acolhia as injúrias – como os embaixadores que são dispensados sem resposta.

Dessa resposta ou não-resposta aos sentidos mensageiros, o assentimento ocupa a função, e sua atividade realça

48. Cícero, *Academica priora*, II, XLVII, 145.
49. C. Imbert, *Pour une histoire de la logique*, p. 119.
50. Plotino, *Enéadas*, VI, 1, 28.
51. Cf. *Político*, 258e.
52. Cícero, *Sobre a natureza dos deuses*, II, LVI, 140.

a passividade da representação. Porém, é preciso delinear as nuanças: certamente, a representação é um *pathos* na alma, um efeito sofrido. Depende de nós, contudo, trabalhar as condições de emergência dessa representação, intensificar nossas representações em representações compreensivas, quer dizer, intensificá-las em "determinação", e para isso modificar, por assim dizer, a "ajustagem":

> Há uma grande verdade nos sentidos, desde que eles sejam saudáveis e estejam em boa forma, e que se afaste deles tudo que é obstáculo e tudo que os impede de agir. É por isso que pretendemos com freqüência que a iluminação seja trocada, assim como a situação dos objetos que observamos; diminuímos ou aumentamos os intervalos, e multiplicamos nossas visadas até que o próprio aspecto do objeto prove o julgamento que lhe é próprio.
>
> A mesma coisa acontece nos sons, odores, sabores, de tal forma que não há entre nós quem não busque um discernimento mais apurado das sensações de todos os tipos.[53]

A representação lógica

Dentro da tipologia de Sexto Empírico, uma representação provável será, por exemplo, aquela segundo a qual é no momento dia e aquela segundo a qual eu estou falando. Esse exemplo confirma o conteúdo situacional da representação. Certamente, se eu digo "*Dion*", para retomar um outro exemplo de Sexto Empírico[54] – bem diferente na primeira leitura, posto que não proposicional –, é importante distinguir entre *sèmainon*, significante (a matéria fônica, *Dion*, independente de sua significação),

53. Cícero, *Academica priora*, II, VII, 19.

54. Sexto Empírico, *Adv. Math.*, VIII, 11-12.

sèmainomenon, significado, e *tynkhanon*, digamos: referente. Todavia, o correlato de uma representação não é um objeto, que um substantivo viria significar, mas uma situação.

Não tenho uma representação, qualquer que seja, de um corpo ou de uma ação, mas tenho imediatamente a representação de uma situação, quer dizer, de certo laço entre um corpo e uma ação, de um corpo afetado de uma maneira de ser determinada. O conteúdo da representação é um conteúdo imediatamente proposicional.

Rejeitando as Idéias platônicas e, mais geralmente, a hipóstase de toda significação, o antigo estoicismo descola o pensamento do conceito: se o pensamento é representação lógica, de conteúdo imediatamente proposicional, o conceito, por sua vez, não é senão um "fantasma do pensamento, que não é nem alguma coisa, nem alguma coisa de qualificada, mas quase-qualquer coisa e quase-qualquer coisa de qualificado, como quando sobrevém a imagem mental de um cavalo, embora ele não esteja presente".[55] Ao conteúdo proposicional da representação se opõe a economia nominal do conceito, que os estóicos não preservam:

> O conceito é um fantasma do pensamento do animal lógico; de fato, quando o fantasma me advém (lit.: cai) numa alma lógica, nós o chamamos de conceito (*ennoèma*), extraindo seu nome da inteligência (*noûs*).[56]

O que vem confirmar a definição da representação verdadeira, "a partir da qual é possível realizar uma predicação verdadeira". Se a representação é representação de uma situação, estamos dentro de um contexto imediatamente proposicional: a representação contém de modo

55. DL, VII, 61.
56. SVF, II, 83.

disfarçado todas as informações que a proposição desenvolverá dentro do campo da discursividade efetiva:

> Uma representação seria cega e trairia sua suposta etimologia, e literalmente não faria nada ver, se não tivesse em si uma ordenação – digamos geométrica ou estereométrica – pela qual ela está em anamorfose com um fragmento da natureza e da qual prepara um enunciado.
>
> Se é verdade, como o afirma o tratado aristotélico *Da alma*, que não seríamos capazes de dissertar nem pensar sem imagens, é necessário que a representação possua como uma sintaxe imanente, ou como "beleza aderente", os traços diacríticos que a organizam.[57]

O conteúdo imediatamente proposicional da representação, como imediata representação de uma situação, recoloca em questão a teoria aristotélica da substância e a teoria da predicação que a ela se associa. Se não existe intuição da substância em si, mas se a representação é sempre representação singular de uma situação, de um corpo afetado de uma ou outra maneira de ser, é o campo real de uma cientificidade da singularidade sensível que se encontra em aberto.

Correlativamente dissipa-se o privilégio de uma estrutura predicativa, que pressupunha a separação real entre uma substância e seus acidentes, e, com ela, o ser, a cópula, espectro lógico que ocupava dentro do discurso o espaço de tal intervalo. As categorias aristotélicas, que são os diferentes pontos de interrogação aos quais se submete uma substância, são substituídas pelos estóicos pelos aspectos verbais, como os indícios de maneiras de ser inseparáveis da apreensão representativa. É, desta feita, a distinção entre substância e acidentes, entre ser por si e

57. C. Imbert, *Pour une histoire de la logique*, p. 119.

ser por acidente que surge: não conhecemos os corpos em si mesmos, mas corpos em situação.

Pela representação lógica, que não é senão a representação humana – na medida em que o homem é o animal lógico –, é dentro do discursivo, desta feita, que os homens são inscritos de imediato. Se a representação precede o pensamento, que é naturalmente loquaz (*eklalètikè hyparkhousa*), a representação contém em si tudo o que a discursividade efetiva exporá: seu conteúdo é proporcional. Antes mesmo de dizer, efetivamente, que "Catão passeia", o que vejo é Catão passeando.[58]

A representação lógica, finalmente, é pensamento (*noèsis*). A questão se esclarece quando a invertemos: o pensamento é representação lógica. Desta vez, é a exterioridade entre pensamento e enunciado que a representação vem romper. Não há exterioridade entre pensamento e representação: o pensamento é uma certa representação, e "há aí uma característica definicional da representação, pelo menos no homem, a de que ela é discursivamente elaborada. Se é permitido tomar emprestado um termo da fenomenologia, não existe estado 'antepredicativo' da consciência".[59]

A representação transitiva (phantasia metabatikè)

Os estóicos reconhecem uma última espécie da representação, a representação transitiva (*phantasia metabatikè*), que não é diferente da representação lógica, mas que a especifica:

> O homem não se distingue dos animais não-lógicos pelo discurso proferido, mas pelo discurso interior [...],

58. São esses os exemplos de Sêneca, *Cartas a Lucílio*, p. 117, 13.

59. C. Imbert, *Pour une histoire de la logique*, p. 91.

> tampouco pela sua simples representação, mas por aquela que é suscetível de transição (*metabatiké*) e de composição (*synthetikè*).
>
> É por isso que, havendo em si uma noção de consecução (*akolouthias ennoian*), ele forma um pensamento do signo através dessa consecução; de fato, o signo é ele mesmo da seguinte forma: "se isso, então isso". A existência do signo decorre, portanto, da natureza e da constituição humanas.[60]

A representação humana como representação transitiva nos inscreve assim imediatamente, nesse caso, dentro de uma possibilidade de passagem e de composição. Ela resolve antecipadamente o problema da articulação entre si de diferentes representações, de diferentes informações perceptivas. É a exterioridade, desta vez, entre as próprias idéias que ela critica ao nos inscrever de imediato dentro de uma "abertura conjuntiva", que permite, logo – quer dizer, desde o momento da representação –, a composição das informações perceptivas entre si. Ela fundamenta, assim, nosso acesso às representações não-sensíveis e justifica as diferentes maneiras com as quais concebemos os objetos de pensamento – encontro, semelhança, analogia, transferência, composição e contrariedade. Ela parece estabelecer que podemos pensar os incorpóreos, se for verdade que "pensamos igualmente por transição, como no caso dos ditos e do lugar".[61]

Segundo o testemunho de Diógenes, a apreensão dos incorpóreos depende das representações não-sensíveis. É preciso separar de fato as representações sensíveis, "que são obtidas por um ou vários órgãos sensoriais", das representações não-sensíveis, "que são obtidas pelo pensamento,

60. Sexto Empírico, *Adv. Math.*, VIII, 275.

61. DL, VII, 53.

como as dos incorpóreos e das demais coisas que são obtidas pela razão".[62] Dos vários modelos segundo os quais nós pensamos – por confrontação, semelhança, analogia, transposição, composição, oposição, transição, privação –, é o pensamento por transição (*kata metabasin tina*) que corresponde ao modo como são pensados os incorpóreos.[63]

Ainda que apenas os *lekta* e o lugar se encontrem aqui mencionados, é possível considerar estender-se essa característica – de serem pensados por transição – a todos os incorpóreos. Eles aparecem como procedentes, no pensamento, de uma comparação entre diversas ocorrências sensíveis, cuja representação transitiva fornece os meios. Tal comparação permite extrair "traços comuns" das sensações experimentadas: lugar, tempo, *lekton*, o vazio sendo o lugar do mundo, nesse ponto necessariamente distinguido dos lugares dos corpos singulares.

Os incorpóreos, apreendidos por transição, perpetuam a problemática aristotélica dos sensíveis comuns, resultante da comparação entre sensações que ocorrem na alma[64] – eles jamais são, de fato, apreendidos fora dos corpos, mas sempre co-apreendidos ou apreendidos a mais, ao modo como o verbo sobressignifica o tempo. Falar em favor dos incorpóreos de subsistência (*hyphistasthai*), e não de existência (*hyparkhein*), indica a maneira pela qual, para os incorpóreos assim como para os conceitos, os estóicos rejeitam a tentação platonizante que consistiria em realizar esses "traços comuns".

A representação humana, enquanto transitiva, inclui, por assim dizer, o que permitirá compô-la. Articulá-la

62. DL, VII, 51.

63. Ibidem, 53.

64. Cf. Platão, *Teeteto*, 186b seg.

com outras.[65] Desse gancho interior da representação, o correlato cósmico não é outro senão "o modelo conjuntivo"[66] da totalidade da realidade. A lógica permite articular os dois pedaços do *symbolon*, a partir do "presente mutilado" da percepção.[67]

E assim se aprofunda o sentido da tese física, segundo a qual nossa alma é um fragmento do mundo[68]; e assim se entra em ressonância sistemática com a definição da representação compreensiva como "modelo reduzido" de uma determinada situação.

Epílogo

Diferente de Aristóteles e da tradição peripatética, onde não passa de um instrumento, a lógica tornou-se com os estóicos uma verdadeira parte do *lógos* filosófico.

Se a lógica é uma verdadeira parte do *lógos* filosófico, é primeiramente porque o *lógos* estóico é um corpo. Os

---

65. Pode-se comparar com Leibniz, Prefácio aos *Novos ensaios sobre o entendimento humano*: "As consecuções dos bichos são apenas uma sombra de raciocínio, quer dizer, não passam de uma conexão de imaginações e uma passagem de uma imagem à outra; porque, num novo encontro que parece semelhante ao precedente, eles esperam novamente o que já encontraram anteriormente, como se as coisas estivessem de fato ligadas porque suas imagens o são na memória. [...] Só a razão pode estabelecer regras seguras e suprir o que falta àquelas que não o são, fazendo das mesmas exceções, e encontrar finalmente determinadas ligações na força das conseqüências necessárias, o que dá com freqüência meios de prever o evento sem ser preciso experimentar as ligações sensíveis das imagens, situação a que os bichos se encontram reduzidos; de maneira que aquilo que justifica os princípios internos das verdades necessárias ainda distingue o homem do bicho".

66. Retomo nesse ponto uma expressão de J. Brunschwig. Cf. J. Brunschwig, "Le Modèle conjonctif", em J. Brunschwig (ed.), *Les Stoïciens et leurs logiques*, Paris, Vrin, 1978, p. 59-86; J. Brunschwig, *Études sur les philosophies hellénistiques, Épicurisme, stoïcisme, scepticisme* (particularmente: cap. "Le modèle conjonctif", p. 161-87).

67. Retomo aqui uma expressão de V. Goldschmidt.

68. Cf. *supra*, "Física", p. 32.

lekta são incorpóreos, mas o *lógos* é um corpo. Platão, no *Sofista*, mostrou como o *lógos* nasceu da mútua combinação de cinco gêneros. Sem a mistura dos gêneros, sem o reconhecimento, contra Parmênides, de um determinado ser do não-ser, é do *lógos* que teríamos sido privados[69], e, com ele, da filosofia. Aristóteles, que considerou pela primeira vez a dimensão da significação, desrealizou, por assim dizer, o *lógos*, e a lista de categorias apenas ilustrava, explicitando-a, a maneira como o *lógos* dispunha de suas próprias regras, seus veios específicos, como se fala dos veios de um mármore. Esses veios próprios do *lógos* não são senão as categorias, como os significados finitos daquilo que se diz fora de combinação. Prosseguir o projeto fenomenológico iniciado por Sócrates em *Fédon* tornava necessária a extração das categorias, já que o *lógos*, diferente da alma, absolutamente virgem e receptiva às determinações, tinha suas próprias regras. O *lógos* tornou-se então um objeto de exceção, irredutível às realidades físicas.

Os estóicos, conservando e desenvolvendo a dimensão da significação a ponto de elaborar, 22 séculos antes de Ferdinand de Saussure[70], a linha divisória de sua dialética, sem que nenhuma imitação associe o significante ao significado, conservando, contudo, no *lógos* a característica de ser uma realidade física como outra – a física e a sistematicidade estóicas não teriam conseguido tolerar a exceção. Quanto a isso, como em relação a outras coisas[71], eles "arcaízam".

Uma outra das razões de mudança de *status* da lógica está ligada à maneira como ela, no antigo estoicismo, vem a integrar dados da teoria do conhecimento – cujo

69. Platão, *Sofista*, 260a.

70. Cf. Claudine Normand, *Saussure*, Belles Lettres, 2000.

71. Ver p. 18.

lugar que lhe é relativo se abre sobre uma teoria da representação e define o resto de seu objeto como os *lekta* que subsistem a partir das representações.

É o campo desses *lekta*, e o próprio sentido do conceito de *lekton*, que tentaremos agora elucidar.

3

Lógica 2
A sintaxe dos *lekta*

A sintaxe dos lekta. *O que é um* lekton?

A lógica estóica deve muito a Crisipo, que foi antes de tudo lógico:

> Se houvesse uma dialética para os deuses, esta não poderia ser outra senão a de Crisipo.[1]

É Crisipo que distingue entre os dois lugares da dialética, o lugar dos significados e o lugar dos significantes. No lugar dos significantes, que inclui uma lista das partes do discurso (o nome, o apelativo, o verbo, a conjunção e o artigo), está a origem da separação entre nome (*onoma*), significando uma qualidade própria (*idiôs poion*) – Diógenes ou Sócrates (nosso nome próprio) –, e apelativo (*prosègoria*), significando uma qualidade comum – homem, cavalo (nosso substantivo comum).[2]

Da mesma forma, Crisipo define a definição como a explicação do próprio (*apodosis tou idiou*).[3] No lugar dos

1. DL, VII, 180.
2. Ibidem, 58.
3. Ibidem, 60.

significados, dá a definição da proposição, e estuda nela os valores da verdade. Define os predicados (*katègo-rèmata*) como ditos incompletos. Funda provavelmente a classificação das proposições em simples e não-simples e sua terminologia específica, assim como a classificação dos predicados em diretos e inversos, em eventos e quase-eventos (*symbamata* e *parasymbamata*). Trata os argumentos e os modos de argumento, os "argumentos concluintes" (*perainontikoi logoi*) e argumentos que mudam de valor (*metapiptontes logoi*). Retomemos as coisas dentro da ordem e com detalhes.

A dialética estóica se divide em "lugar relativo aos significados e em lugar relativo ao som vocal; o lugar dos significados [se divide] em lugar relativo às representações e lugar relativo aos [ditos] que subsistem a partir delas: as proposições e os (outros [ditos]) completos, os predicados e as realidades semelhantes, predicados diretos e inversos, gêneros e espécies, assim como argumentos, modos e silogismos e os sofismas dependentes da linguagem e das próprias coisas ditas".[4]

É o estudo dos ditos (*lekta*), e a distinção entres "ditos completos" (*lekta autotelè*) e "ditos incompletos" (*lekta ellipè*), que organiza o estudo dos significados: ditos completos, proposições e silogismos, e ditos incompletos, predicados diretos e inversos.[5]

A investigação lógica não se reduz, portanto, ao estudo da proposição. Aristóteles, ao lado do enunciado declarativo (*lógos apophantikos*), suscetível de ser verdadeiro ou falso, reconhecia outros enunciados, como a prece, que não o eram, mas remetiam o estudo à retórica ou à poética.[6] Os estóicos recusam tal separação entre a

4. DL, VII, 143.
5. Cf. ibidem, 63.
6. Aristóteles, *Da interpretação*, 4, 17a5.

lógica, de um lado, e a retórica e a poética do outro: eles dividem a lógica em retórica e dialética e inserem preocupações estilísticas na teoria da expressão, já que repertoriam os vícios e as virtudes do enunciado.

Do mesmo modo, dedicam uma parte de seu estudo dos significados ao reconhecimento sistemático dos enunciados. Entre os diferentes "ditos completos", eles distinguem entre proposição (*axiôma*), interrogação (*erôtèma*), demanda de informação (*pysma*) e outros "fatos" ou "atos (de linguagem)" (*pragmata*): imperativo (*prostaktikon pragma*), jurativo (*horkikon pragma*), optativo (*horatikon pragma*), hipotético (*hypothetikon pragma*), vocativo (*prosagoreutikon pragma*) e proposição aparente (*pragma homoion axiômati*).

O centro da lógica estóica, a norma da expressão, permanece contudo a proposição (*axiôma*), definida como "um fato completo que pode ser afirmado enquanto isso depender de si" (*pragma autoteles apophanton hoson eph'heautôi*). Como disse Crisipo em suas *Definições dialéticas*:

> Uma proposição é aquilo que pode ser afirmado ou negado enquanto isso depender dela, como "é dia", "Dion caminha".[7]

A proposição define assim uma determinação completa e essa completude em determinação não depende de sua aplicação a uma determinada situação, só essa aplicação podendo decidir sua verdade ou falsidade, que não está de forma alguma inscrita dentro da própria proposição.

7. DL, VII, 65-66.

Lógos e lekton

O que garante a passagem do evidente da percepção ao não-evidente e define o processo da ciência é a representação lógica (*phantasia logikè*), suscetível de composição e de transição (*synthetikè kai metabatikè*), e o *lógos* que desenvolve essa representação. Ora, para Diógenes Laércio, o *lekton* é precisamente definido como "aquilo que subsiste após uma representação lógica". O *lekton* é, com o tempo, o lugar, o vazio, um dos quatro incorpóreos estóicos. É um conceito difícil. É importante tentar compreender o que é o *lekton*, o que esse termo designa e a que necessidade responde a introdução desse conceito.

Traduzir *lekton* é muito delicado. Dispomos de uma grande variedade de traduções, antigas e modernas, desse conceito. Um texto de Sêneca oferece um exemplo:

> Existem [...] as naturezas dos corpos, por exemplo, isso é um homem, isso é um cavalo; em seguida, ligam-se a essas naturezas os movimentos da alma declarativos ao sujeito do corpo. Esses movimentos têm algo que lhes é próprio e é distinto dos corpos, por exemplo, eu vejo Catão caminhando. Meus sentidos me mostram, meu pensamento acredita. É um corpo que vejo, que ocupa meus olhos, meu pensamento.
>
> Em seguida, digo: "Catão caminha". O que eu disse não é um corpo, mas uma certa expressão declarativa (*enuntiativum quiddam*) a respeito de um corpo, chamado por uns um "pronunciado" (*effatum*), por outros um enunciado (*enuntiatum*) e por outros um "dito" (*dictum*).
>
> Da mesma maneira, quando dizemos: "a sabedoria", compreendemos um ser corpóreo; quando dizemos: "ele é sábio", falamos a respeito de um corpo. Ora, há uma

> enorme diferença entre nomear um ser e falar a respeito dele.[8]

Claude Imbert evidenciou que achamos, em todos os atos cognitivos – representação, pensamento, sensação, enunciação –, a mesma divisão "entre a ação relativa ao ator e a ação relativa a seu termo": assim, para *phainomai* (isso me aparece), *phantasia* (a representação), *phantaston* (o representado). Um objeto em situação me aparece (*phainetai moi*), é um representado (*phantaston*), do qual tenho em minha alma um efeito, uma representação (*phantasia*). Para a enunciação, o *lekton* seria o análogo do *phantaston* para a representação – ao qual poderíamos acrescentar igualmente os verbos que designam as cinco atividades sensoriais:

> A intenção associada à escolha de termos paralelos é esclarecida pelo sentido do adjetivo verbal em *-ton*. Émile Benveniste pôde estabelecer que ele indicava o cumprimento da ação dentro do objeto. O vocabulário escolhido por Crisipo faz dele próprio argumento: não basta postular o objeto do conhecimento, é preciso indicar seu papel dentro do próprio movimento do conhecimento e definir a tensão do ato constitutivo da representação atribuindo seus papéis.[9]

O *lekton* é o correlato do termo *legein*: quando eu enuncio (*legô*), enuncio um *lekton*. O *lekton* tem relação com um acusativo de objeto interno: *lego lekton*. Pensemos no *cogito cogitatum* leibniziano: eu penso um [objeto] pensamento. Da mesma forma que, por correlação,

8. Sêneca, *Cartas a Lucílio*, 117, 13.

9. C. Imbert, *Pour une histoire de la logique*, p. 104.

eu sinto um sensível na minha atividade de sentir, eu *intelijo* um inteligível em minha atividade de intelecção, eu represento um representável em minha atividade de representação, da mesma forma que enuncio um enunciável em minha atividade de enunciação. De fato, de um ponto de vista extremo, como expôs perfeitamente Gilles Deleuze em *Lógica do sentido*, o *lekton* não é outra coisa senão o sentido[10]; nem o sentido em geral, porém, nem o sentido de um termo, mas o sentido de uma frase –

10. Uma outra subversão estóica (para ler as precedentes, cf. *supra*, p. 49) da concepção platônica é aqui manifestada. A propósito do *lekton*, Gilles Deleuze marca a dívida do estruturalismo com o estoicismo, na medida em que "a estrutura é verdadeiramente uma máquina para produzir o sentido incorpóreo [...]":
"Finalmente, a importância do estruturalismo na filosofia, e para todo o pensamento, se mede assim: que ele desloque as fronteiras. Quando a noção de sentido tomou o lugar das Essências enfraquecidas, a fronteira filosófica pareceu se instalar entre aqueles que associavam o sentido a uma nova transcendência, novo avatar do Deus, céu transformado, e aqueles que encontravam o sentido dentro do homem e seu abismo, profundeza novamente cavada, subterrânea.
Novos teólogos de um céu nublado (o céu de Koenigsberg), e novos humanistas das cavernas, ocuparam a cena em nome do Deus-homem ou do Homem-deus como segredo do sentido. Era, às vezes, difícil distinguir entre eles. Mas, o que torna hoje essa distinção impossível, é primeiramente a lassidão que nos causa esse discurso interminável em que nos perguntamos se é um asno que carrega o homem ou se é o homem que carrega o asno e que carrega a si mesmo. Depois, temos a impressão de um contra-senso puro produzido sobre os sentidos; pois, de todas as maneiras, céu ou subterrâneo, o sentido é apresentado como Princípio, Reservatório, Reserva, Origem. Princípio celeste, diz-se que ele é fundamentalmente esquecido e velado; princípio subterrâneo, que é profundamente rasurado, desviado, alienado. Mas, sob a rasura, assim como sob o véu, somos chamados a reencontrar e restaurar o sentido, seja em um Deus que não teremos compreendido suficientemente, seja num homem que não teremos suficientemente sondado.
É portanto agradável que ressoe hoje uma boa notícia: o sentido nunca é princípio ou origem, ele é produto. Não é para ser descoberto, restaurado e tampouco reempregado, é para ser produzido por meio de novas maquinarias. Não pertence a nenhuma altitude, nenhuma profundidade, mas efeito de superfície, inseparável da superfície como de sua própria dimensão." (*Logique du sens*, p. 89-90)

o *lekton* só pode ser o sentido de um termo se for um *lekton* incompleto, ou seja, predicado.

Quanto à diferença entre *lekton* e *lógos*, ela se fundamenta na separação entre duas partes da dialética estóica: estudo dos significantes, estudo dos significados. O *lógos*, ainda que seja um enunciado, é um corpo, da mesma maneira que a alma, ainda que seja uma alma. O *lekton*, por sua vez, é um incorpóreo: ele existe com um *lógos* determinado, como o limite do sentido, distinto desse *lógos*, que entretanto não existe sem ele:

> Só os predicados que são acidentes atuais são ditos existentes: por exemplo, o caminhar existe para mim quando eu caminho.[11]

Sem o *lógos* determinado do qual ele é o "efeito de sentido", o *lekton* não existe, ele subsiste, sem que essa subsistência deva por isso se entender como uma virtualidade. O *lekton* estóico aparece então como uma solução intermediária entre a potência aristotélica, que é virtualidade, e a negação megárica de toda virtualidade. Como não existir antes de existir, sem ser potência ou virtualidade, e como compreender a produção de um efeito de sentido no momento da palavra? É precisamente isso que os estóicos chamam "subsistir" para o *lekton*.

A divisão entre lekta *completos e* lekta *incompletos*

À definição do *lekton*, sucede imediatamente, no testemunho de Diógenes, a divisão dos *lekta* em *lekta* completos e *lekta* incompletos:

11. Estobeu, *Eglog*, I, 8, p. 104-5 seg. = FDS, 808.

> Os ditos incompletos são aqueles cuja enunciação é inacabada, como "escreve"; perguntamo-nos então "Quem?"; os ditos completos, ao contrário, são aqueles cuja enunciação é acabada, por exemplo, "Sócrates escreve". Nos ditos incompletos são colocados os predicados, nos ditos completos, as proposições, os silogismos, as interrogações e as perguntas.[12]

O que falta ao *lekton* incompleto (por exemplo: "escreve") para que ele alcance a completude é uma *ptôsis*, um caso (por exemplo: "Sócrates"). De fato, o predicado é definido como um "dito incompleto que, construído com um caso direto, permite engendrar uma proposição".[13]

A definição do predicado como *lekton* incompleto, a da proposição, do silogismo, da interrogação, da pergunta como *lekta* completos, salienta o fato de que o *lekton* completo funciona como medida. A distinção estóica original entre *lekta* completos e incompletos depende de um recorte do enunciado, que ensina a compor um dito completo: é, com efeito, a partir de um predicado – e somente a partir de um predicado – que se pode compor um dito completo, acrescentando-lhe um caso, uma *ptôsis*. Definir o predicado como *lekton* incompleto supõe, na caracterização do predicado, a antecipação da proposição e dá a regra de sua construção.

Designar o predicado como dito incompleto leva, na verdade, a caracterizá-lo, em detrimento do caso, da *ptôsis* – ou seja, em detrimento do rebento discursivo de uma substância aristotélica –, como o núcleo a partir do qual

12. DL, VII, 66. A interrogação (*pysma*) se distingue da pergunta (*erotèma*), já que se responde à pergunta pelas únicas formas "sim" ou "não". Essa tradução foi feita sobre a tradução francesa de Richard Goulet, modificando nela somente a tradução de *lekton*.

13. DL, VII, 64.

realizar uma completude conforme a sintaxe dos *lekta*. Nesse sentido, os estóicos invertem a posição aristotélica, segundo a qual "toda proposição depende necessariamente de um verbo ou do caso de um verbo: e, de fato, a noção do 'homem', à qual não se acrescenta nem 'é', nem 'será', nem 'foi', nem nada desse gênero, não constitui ainda uma proposição".[14]

Pode-se pensar que eles exaltam ao inverso a característica aristotélica do verbo apresentado como "o signo daquilo que se diz de uma outra coisa, saber coisas pertencentes a um sujeito ou contidas em um sujeito"[15], reconhecendo-a como elemento essencial do dito. Não é, de fato, a adjunção do predicado a uma noção, como a noção de homem, que decide sobre a completude do enunciado. É a adjunção de um caso a um predicado que permite a construção de um dito completo.

A primazia da proposição, considerada como estrutura da completude, é confirmada pelo tratamento estóico da negação. Os estóicos negavam uma proposição dada prefixando a negação[16]: assim, a proposição negativa que corresponde à afirmativa "Sócrates come o camundongo", não será "Sócrates não come o camundongo", mas sim "Não [Sócrates come o camundongo]". O lugar da negação confirma que a proposição é o centro do sentido completo, e me parece ilustrar sua primazia sobre os constituintes assimétricos, o predicado e os casos.

Do mesmo modo, os estóicos distinguiam duas maneiras de analisar uma proposição no passado, por exemplo, "Sócrates morreu". A primeira a analisaria como a combinação de um sujeito e de um verbo no passado e seria incorreta: na verdade, o uso do nome próprio implica a

14. Aristóteles, *Da interpretação*, 5, 17a10.

15. Ibidem, 3, 16b10.

16. Alexandre de Afrodísia, in *Arist. Anal. Pr.*, p. 402, 1 seg. (FDS, 921).

existência de seu referente, e a associação do verbo no passado cria então um paradoxo. A segunda, correta, a analisaria, quer dizer, a transcreveria, segundo a norma estóica, em "inflexão" de uma proposição no presente. O que leva, como analisou Jacques Brunschwig, a "interpretar este enunciado em bloco, inteiramente (*holon*), como uma 'inflexão' (*enklisis*) do enunciado no presente 'Sócrates morre' (*apothneskei*, 'está morrendo'). Essa sugestão leva a prefixar um operador temporal diante de uma proposição no presente, o julgamento de existência que este envolve em sua significação ficando incluído no escopo deste operador".[17]

Colocado de outra maneira, a paráfrase correta de "Sócrates morreu" não é "Há atualmente um certo Sócrates que morreu", mas sim "Houve no passado um momento em que era verdadeiro dizer: 'Existe atualmente um certo Sócrates que está morrendo'".[18]

Entretanto, nunca foi dito que o caso, a *ptôsis*, é um *lekton* incompleto. De fato, ele não o é. Para assegurar a passagem de um dito incompleto para um dito completo, o caso não constitui, portanto, um termo homogêneo ao predicado. O privilégio do predicado, núcleo dinâmico da expressão aplicável, é significativo da limitação de nosso conhecimento das maneiras de ser.[19] Em relação a isso, não poderíamos verificar um predicado, mas somente a proposição, centro exclusivo da verdade e da falsidade.

Se é possível falar de uma sintaxe dos *lekta*, que os distingue segundo o completo e o incompleto, que, assim, considera a questão da completude ou da incompletude

17. J. Brunschwig remete a A. C. Lloyd (1978), "Definite Proposition and the Concept of Reference", in J. Brunschwig, *Les Stoïciens et leur logique*, p. 285-95.

18. J. Brunschwig, "La Théorie stoïcienne du nom propre", p. 14.

19. Ver p. 91-93.

de uma seqüência lingüística, é que pela primeira vez o enunciado se encontra isolado de suas condições de verdade; que a questão lógica da verdade e da falsidade é suspensa, na análise da completude ou da incompletude. Nisso, é uma frase que aprendemos a "construir".

Uma classificação dos predicados

A lógica estóica produz de fato uma análise detalhada de diferentes tipos de predicados, caracterizados como ditos (*lekta*) incompletos. Assim é que o "início do capítulo" da teoria dos significados incluía os predicados "diretos e inversos". O testemunho de Diógenes Laércio compreende uma tipologia dos predicados:

> Entre os predicados, uns são eventos (*symbamata*), como navegar através do rochedo. E certos predicados são diretos, outros inversos, outros nem um nem outro.
>
> São diretos aqueles que são construídos com um dos casos oblíquos, para engendrar um predicado, por exemplo: (ele) escuta (alguém), (ele) vê (alguém), (ele) fala (a ou com alguém).
>
> São inversos aqueles que são construídos com a partícula do passivo, como: (eu) sou ouvido (por alguém), (eu) sou visto (por alguém).
>
> Não são nem um nem outro aqueles que não apresentam nenhuma dessas condições, como: pensar, passear.
>
> São refletidos entre os inversos aqueles que são inversos mas referem-se a atividades, como se cortar os cabelos. Pois aquele que se corta os cabelos inclui-se a si próprio dentro da expressão.
>
> Os casos oblíquos são o genitivo, o dativo e o acusativo.[20]

20. DL, VII, 64-65.

O testemunho de Amônio, comentador neoplatônico de Aristóteles, que transcreve uma passagem de Porfírio, permite-nos precisar essa tipologia, completando-a: Porfírio afirma que o verbo "ser" não pode ser empregado no lugar de qualquer outro verbo, mas apenas aquele que significa a existência (*hyparxis*) fornece, empregado com um nome (quer dizer, para um peripatético, um caso direto), um enunciado completo, e, empregado com os casos (oblíquos), um enunciado incompleto.

Certos verbos, de fato, se constroem com casos oblíquos, como "há arrependimento" (*metamélei*), que se constrói com o dativo, e que, empregado com um nominativo, é assintático. Nessa altura de sua exposição, Porfírio apresenta o ponto correspondente da doutrina estóica:

> O predicado é predicado de um nome ou de um caso, e cada um dos predicados assim obtidos é completo enquanto predicado e suficiente para formar, com o sujeito, uma declaração, ou incompleto e, então, necessita que se lhe acrescente algo para dar um predicado completo.
>
> Se, então, alguma coisa é predicado de um nome e dá uma declaração, isso eles chamam "predicado" (*katègorema*) ou "acidente" (*symbama*) (as duas palavras têm o mesmo sentido); é este o caso de *peripateî* [caminhar] em "Sócrates caminha" (*Sôkratès peripateî*).
>
> Se [alguma coisa é predicado] de um caso [e dá uma declaração, isso se chama] "quase-acidente" (*parasymbama*), como se dissesse próximo do acidente e formando um quase-predicado (*parakatègoréma*); é o caso de "há arrependimento" (*metamélei*) em "há arrependimento para Sócrates" (*Sôkratei metamélei*).
>
> Se "arrependimento" (*metameleitai*) é um acidente, "há arrependimento" (*metamélei*) é um quase-acidente, já que não pode dar uma declaração construindo-se com um nome ("Sócrates há arrependimento" (*Sôkratès*

> *metamelei*) não é uma declaração), mas não admite, como "eu caminho, tu caminhas, ele caminha" (*peripatô, peripateis, peripatei*), a flexão (pessoal), nem a concordância em número: assim como "há arrependimento para este" (*toutôi* (sing.) *metamelei*), nós dizemos "há arrependimento para estes" (*toutois* (pl.) *metamélei*).
>
> Mais uma vez, se aquilo que é predicado de um nome necessita da adição do caso de um nome para dar uma declaração, nós o chamamos "menos-que-predicado" – é o caso de "ama" (*phileî*) ou "quer bem" (*eunoeî*) em "Platão ama" (*Platôn phileî*) (se acrescentamos o (nome de) alguém, digamos "Dion (ac.)" (*Diôna*), isso dá uma declaração determinada: "Platão ama Dion" (*Platôn phileî Diôna*)); se é aquilo que é predicado de um caso que precisa se construir com um outro caso oblíquo para dar uma declaração, nós o chamamos de "menos-quase-acidente" – é o caso de "há preocupação" (*mélei*) em "há preocupação de Alcebíades por Sócrates, Sócrates se preocupa com Alcebíades" (*Sôkratei* (dat.) *Alkibiadou* (gen.) *melei*).[21]

Os dois testemunhos parecem se completar bem: Amônio, *via* Porfírio, distingue entre acidentes (*symbamata*)[22] ou predicados e quase-acidentes ou quase-predicados. Diógenes Laércio, quando anuncia uma subdivisão, não menciona senão o acidente, mas o texto é inegavelmente

21. Amônio, *Comm. In Ar. De Int.*, Busse, p. 44, 19-45, 9. Existe um debate importante entre estóicos e peripatéticos sobre o estatuto daquilo que chamamos nominativo: Aristóteles e os peripatéticos sustentam que se deve chamar o caso direto de *nome*, e os oblíquos de *casos*, "já que caíram do conceito". Os estóicos e, em sua obediência, aqueles que praticam a arte gramatical, querem conservar para o caso direto o nome *caso*. Para mais detalhes sobre esse debate, cf. F. Ildefonse, *La Naissance de la grammaire dans l'Antiquité grecque*, Paris, Vrin, 1997, p. 156 seg.

22. O termo *symbama* deriva do verbo *symbainô*. O predicado retranscreve aquilo que "acontece" (*symbanei*) ao corpo.

corrompido. O menos-que-predicado e o menos-que-quase-acidente completam a análise do predicado: eles correspondem ao núcleo verbal que necessita da adjunção de um caso (respectivamente oblíquo ou direto) para compor um predicado completo.

O que sobressai dessa tipologia dos predicados é o extremo refinamento da análise predicativa estóica. Se a classificação dos *lekta* em completos e incompletos assinala a emergência da frase como aquela, correlativa, de uma sintaxe autônoma, que suspende a análise das condições de verdade, a tipologia dos predicados aparece então como o primeiro reconhecimento de distinções que se tornarão os aspectos fundamentais da análise gramatical do verbo.[23]

O que é preciso finalmente salientar são as implicações conceituais que envolvem e desenvolvem essa importância do predicado como núcleo dinâmico do *lekton*, que corresponde, por um jogo de equilíbrio inverso, a uma redução da substância e do substrato aristotélico à simples categoria de caso – complemento de *lekton* incompleto, sem ser ele próprio *lekton* incompleto, ocupando assim um lugar heterogêneo àquele do predicado. Essas implicações conceituais unem-se à queda em desuso de *ser* – verbo de ligação do julgamento. Desse modo, além disso, atinge-se a posição dos megáricos e este célebre julgamento de Émile Bréhier:

> Sabe-se que certos megáricos recusam-se a enunciar os julgamentos em sua forma habitual, com o auxílio do

23. Marc Barati, *La Naissance de la syntaxe à Rome*, Paris, Minuit, 1989, p. 385-86, demonstrou que a distinção entre acidentes, menos-que-acidentes, quase-acidentes, menos-que-quase-acidentes é entendida segundo a categoria da *valência*, que distingue entre pessoais e impessoais, e a distinção entre predicados diretos, inversos e neutros segundo a categoria da *diátese*, que distingue entre ativos e passivos.

> verbo de ligação *é*. Não se deve dizer, pensam eles: "a árvore é verde", mas "a árvore verdeja". Como se estivesse aí a solução do problema da predicação, é o que nos demonstram os estóicos.
>
> Quando se negligencia o verbo de ligação "é" e se exprime o sujeito por um verbo em que o epíteto atributo não é posto em evidência, o atributo, considerado como o verbo inteiro, aparece então não mais como exprimindo um conceito (objeto ou classe de objeto), mas somente um fato ou um evento.
>
> A partir daí, a proposição não mais exige a penetração recíproca de dois objetos, impenetráveis por natureza, ela apenas exprime um certo aspecto de um objeto, enquanto este realiza ou sofre uma ação; este aspecto não é uma natureza real, um ser que penetra o objeto, mas o ato que é o resultado mesmo de sua atividade ou a atividade de um outro objeto sobre ele. O conteúdo da proposição, aquilo que é significado por ela, não é portanto jamais um objeto, nem uma relação de objetos.[24]

Na *Física*, Aristóteles expunha a maneira como Lícofron evitava deixar coincidir numa mesma coisa o um e o múltiplo:

> Uns suprimiam o verbo "é", como Lícofron; outros acomodavam a expressão, dizendo que o homem não "é branco", mas "embranquecera", não que ele está a caminho, mas que ele caminha, a fim de evitar que o um se tornasse múltiplo, pela introdução do verbo "é".[25]

A esse respeito, o lugar central que os estóicos dão ao predicado na sua lógica é o inverso exato da maneira

---

24. E. Bréhier, *La Théorie des incorporels dans l'ancien stoïcisme*, p. 20.
25. Aristóteles, *Física*, 185b25 seg.

como Aristóteles entendia sob cada enunciado verbal um enunciado copulativo: sob "Sócrates caminha", "Sócrates está caminhando".[26] Ainda que não haja em Aristóteles nem homonímia, nem sinonímia do ser, mas pluralidade de significações de ser, ordenadas *pros hen*, ou seja, relativamente a um [termo] único, que é a *ousia*, a substância[27], só se pode constatar dentro da crítica estóica a correlação entre a rejeição do privilégio da substância e o desaparecimento do verbo de ligação.

Lógica e física

A introdução do *lekton* não provém apenas da consideração da pluralidade das línguas e da tomada de consciência estóica da autonomia de um plano lingüístico, que justifica a distinção entre significado e *lekton*.[28] Ela deriva, como o atestam os testemunhos, da dupla articulação do predicado: o predicado é o núcleo genético da proposição, é igualmente, e de modo indissociável, o efeito incorpóreo de uma causa corpórea.

Na verdade, é possível interpretar de dois modos diferentes o fato de que, para os estóicos, uma causa seja causa de predicados. Uma primeira interpretação veria em tal fórmula o efeito retroativo da preocupação lógica em relação ao campo físico: o processo causal é qualificado em termos lógicos. Uma segunda interpretação seguiria o movimento inverso, fiel à maneira como a representação verdadeira é definida como a representação a partir da qual se pode constituir uma proposição determinada verdadeira – e essa própria homologia representa um argumento dentro da sistematicidade estóica.

---

26. Cf., por exemplo, Aristóteles, *Da interpretação*, 12, 21b9.
27. Cf. Aristóteles, *Metafísica*, Γ, 2.
28. Reconduzimo-nos novamente a Sexto Empírico, *Adv. Math.*, VIII, 11-12.

O fato de a causa ser causa de predicados cria a preocupação lógica, do próprio seio, físico, da análise da causalidade. A racionalidade do mundo físico permite a antecipação da abordagem lógica dentro do sensível, assim como a representação lógica nos inscreve dentro do discursivo, antes mesmo que tenhamos um discurso efetivo. Ela determina essa preocupação lógica como a constituição de uma proposição que seja a exibição rigorosa dos laços de causalidade de uma situação determinada.[29] Então só se pode levar a sério, aprofundando-a ainda mais, a idéia segundo a qual a lógica dos predicados está presente desde a análise física da causalidade. Seguindo a idéia segundo a qual os incorpóreos seriam as "dimensões" dos corpos e a hipótese segundo a qual o *lekton* seria um incorpóreo como os outros – quer dizer, segundo a qual a lista lugar, tempo, sentido é homogênea –, poder-se-ia considerar que, da mesma forma que cada corpo numa tal situação – em tal corte sobre seu movimento e suas modificações – tem seu lugar e seu tempo (ou seu momento), também cada situação tem seu sentido, reverso da proposição que, restituindo-a, enuncia as modalidades causais.

Uma classificação das proposições: proposições simples e proposições não-simples

Os estóicos, inventores de uma classificação bem precisa dos predicados de uma parte, dos atos de linguagem de outra, que será em grande parte retomada na teoria gramatical das modalidades[30], estão igualmente na origem

29. De fato, pode-se mencionar a hipótese de uma relação entre a teoria estóica dos casos e a teoria estóica da causalidade. Cf. *infra*, p. 123-24 e F. Ildefonse, op. cit., p. 155 seg.

30. Cf. principalmente Apolônio Díscolo, *De constructione*, III, 25, e III, 61 e F. Ildefonse, op. cit. p. 372 seg. e 394 seg.

da classificação das proposições simples (*axiôamta hapla*) e das proposições não-simples (*axiômata ouk hapla*). Crisipo, verdadeiro fundador da dialética estóica, parece estar na origem dessas classificações.

O testemunho de Sexto Empírico permite distinguir entre três tipos de proposições simples: as proposições determinadas, que são proferidas "ostensivamente", quer dizer, onde se mostra um indivíduo particular: por exemplo: "Aquele ali caminha", "Aquele ali está sentado"; proposições indefinidas, que são proposições nas quais uma partícula indefinida está em posição dominante, por exemplo: "Alguém está sentado"; proposições intermediárias, finalmente, por exemplo: "Um homem está sentado" (*anthropos kathètai*) ou "Sócrates caminha" (*Sokrates peripateî*).[31]

A classificação mais complexa em Diógenes Laércio[32] resulta em: negativa (*apophatikon*): "não (é dia)"; hipernegativa (*huperapophatikon*): "não (não [é dia])"; denegativa (*arnètikon*): "ninguém caminha"; privativa (*sterètikon*): "aquele ali é não-filantrópico"; categórica (*katègorikon*): "Dion caminha"; catagorêutica (*katagoreutikon*): "aquele ali caminha"; indefinida (*aoriston*): "alguém caminha, aquele lá caminha".

Podemos constatar que essa classificação obedece a uma ordem de determinação crescente, integrando o questionamento categorial[33], que permite tornar mais complexa a oposição simples entre afirmação e negação. Três negações são de fato distinguidas, a primeira prefixando a negação a toda a proposição (não é dia, em grego: *ouk hèmera esti*), a segunda negando o "sujeito" (ninguém caminha), a terceira negando o predicado, ou seja, a negação

31. Sexto Empírico, *Adv. Math.*, VII, 96-97.

32. DL, VII, 70.

33. Cf. *supra*, p. 65-67.

penetrando progressivamente até o coração dinâmico do *lekton*, o predicado. Sucedem-se três alternativas: a afirmativa categórica, constituída de um caso direto e de um predicado, por exemplo: "Dion passeia"; a afirmativa catagorêutica, constituída de um caso direto díctico e de um predicado, por exemplo: "Aquele ali passeia"; a afirmativa indefinida, constituída de um elemento indefinido e de um predicado, por exemplo: "alguém passeia, aquele lá se move".

Nesse ponto, igualmente, a determinação, variável e progressiva, é aplicada diferentemente: do indeterminado "alguém" e do demonstrativo distante ("aquele lá")[34], que permite a identificação do substrato (*hypokeimenon*), ao nome que enuncia a qualidade própria (Dion), até o díctico, "aquele ali", apresentando dentro do enunciado o máximo da determinação.

A classificação das proposições não-simples distingue entre: condicional (*synèmménon*), construída com a conjunção de subordinação "se", por exemplo: se é dia, há luz; paracondicional (*parasynèmménon*), conectada pela conjunção "posto que", por exemplo: posto que é dia, há luz; conjuntiva (*sympeplegménon*), em conjunto com certas conjunções de coordenação, por exemplo: e é dia e há luz; disjuntiva (*diezeugménon*), separada pela conjunção de disjunção "ou então", por exemplo: ou então é dia, ou então é noite: causal (*aitiôdès*), construída com "porque", por exemplo: porque é dia, há luz; [comparativa] elucidando o mais (*diasaphoun to mallon*), construída com a conjunção que elucida o mais: "mais que", por exemplo: é mais dia do que noite; e [comparativa] elucidando o menos (*diasaphoun to hètton*), construída com a conjunção

34. Ou do anafórico, segundo Michael Frede.

que elucida o menos: "menos que", por exemplo: é menos noite do que dia.[35]

A seqüência do testemunho de Diógenes atesta ainda a distinção entre proposições verossímeis, possíveis e impossíveis, necessárias e não necessárias, sensatas; essas diferentes propriedades das proposições são igualmente aplicáveis às proposições simples.

Um texto de Cícero em *Acadêmicas* confirma a ordem crescente em determinação, desde as simples informações sensoriais às proposições não-simples:

> Tais são as qualidades que dizemos percebidas pelos sentidos, tais são em conseqüência os objetos, dos quais não dizemos que são diretamente percebidos pelos sentidos, mas que o são, entretanto, de certo modo: "Este objeto é branco, este aqui é macio, este outro emite sons harmoniosos, um outro tem bom odor, um outro é áspero"[36]: apreendemos tudo isso por um ato de compreensão da alma, não pelos sentidos. Vem em seguida: "É um cavalo, é um cão". Depois, chegamos, para o resto, a uma série de idéias que reúne as características mais importantes, como essas proposições que abrangem uma percepção completa das realidades: "Se é um homem, é um animal mortal que faz parte da razão".[37]

O "condicional" (*synèmménon*) estóico – do qual acabamos de ler um exemplo: "Se é um homem, é um animal mortal que faz parte da razão" – ocupa, na classificação das proposições não-simples, um lugar análogo àquele

35. Essa lista parafraseia a passagem em DL, VII, 71-73.

36. Traduzo aqui *asperum* por "áspero", e não "rude", modificando a tradução de E. Bréhier, para assinalar que existem tantos exemplos a dar quanto sentidos distintos.

37. Cícero, *Academica priora*, II, VII, 21.

ocupado pela proposição (*axiôma*) na classificação das proposições simples. A conjunção "se" tem uma grande força, porque ela enuncia uma implicação, uma relação de implicação entre duas proposições determinadas:

> posto que ela permite formar a proposição mais lógica; como de fato não seria isso o condicional, visto que, se os bichos dividem com ele o conhecimento da existência das coisas, é somente ao homem que a natureza deu a faculdade de perceber e julgar sua ligação?
>
> Que seja dia, de fato, que haja luz, mesmo lobos, cães e pássaros têm essa sensação: mas que, "se é dia, há luz", ninguém mais compreende, senão o homem, porque somente ele possui a noção da expressão do antecedente e do conseqüente, de sua articulação mútua, de sua relação e de sua diferença, dos quais as demonstrações extraem seu princípio primordial.[38]

Diversas observações ainda:

1) O "condicional" estóico subverte a proposição universal aristotélica: antes "Se é um homem, é um animal mortal que faz parte da razão" do que "Todos os homens são mortais". Essa substituição está em conformidade com o "nominalismo" estóico, sua crítica dos conceitos, e o deslocamento correlativo que a dialética estóica produz do privilégio aristotélico da substância e do substrato, quando ela determina o predicado como o constituinte central da proposição; ao modo como o pensamento (*noèsis*) é definido como representação lógica (*phantasia logikè*), quer dizer, determinada em relação a um conteúdo proposicional, e não como conceito (*noèma*), ou seja, em relação a um termo; ao modo como o conceito (*noèma*) é

38. Plutarco, *De E apud Delphos*, 6, 387a seg.

definido como fantasma do pensamento (*phantasma dianoias*), e ao modo como o caso (*ptôsis*) finalmente é determinado como caso do conceito, sem jamais ser considerado um constituinte dinâmico da proposição.[39]

2) Essa substituição tem relação não mais tanto com a negação de todo universal, como poderia sugerir o desaparecimento da expressão universal ("Todos os homens são mortais"), do que com uma mudança na situação e formulação de um universal. Se existe o universal, ele não está em um termo, mas numa certa relação, que enuncia precisamente o condicional como uma proposição não simples.

3) O "condicional" estóico é o desenvolvimento exato e o discurso equivalente da representação humana, enquanto transitivo e suscetível de composição (*metabatikè kai synthetikè*). Sexto Empírico o enuncia claramente: porque o homem tem em si "uma noção da consecução (*akolouthias ennoian*), ele logo formula um pensamento do signo através desta consecução; e o próprio signo é da seguinte forma: 'se isso, então isso'. A existência do signo decorre portanto da natureza e da constituição humanas".[40] E a demonstração é do gênero do signo.

4) O condicional se fundamenta, como a representação transitiva, no "modelo conjuntivo" do universo.[41] Da mesma forma que a representação lógica, enquanto transitiva, inclui o que permite articulá-la a uma outra representação lógica e que a fecundidade epistemológica que supõe o relacionamento de dados sensíveis e intelectuais entre elas é fundada desde a representação, quer dizer, em cada representação singular determinada,

---

39. Sobre este ponto, cf. *supra*, p. 105-9.
40. Sexto Empírico, *Adv. Math.*, VIII, 275.
41. Cf. *supra*, "Física", p. 63.

assim também cada evento da natureza, enquanto for singularmente este evento da natureza, está conjuntivamente ligado aos outros eventos da natureza: aquilo que Cícero chama de *contagio rerum*. A ciência não é senão a exibição dos laços existentes entre os diversos eventos do mundo, que são laços racionais, laços de causalidade; ela é a exibição da armadura racional dos eventos do mundo – algo de que Espinosa, mais uma vez, se lembrará.

Foi necessário a Crisipo:

1) Elaborar a lógica que permitisse formular isso: uma dialética que assinala os significantes, que recenseia os significados, ensinando as regras de sua construção, dos predicados aos exprimíveis/expressos (entre os quais as proposições), das diferentes proposições simples, classificadas pela sua relação com a determinação, à sua articulação com as proposições não-simples.

2) Elaborar uma teoria das categorias que produzisse a ligação entre a física e a lógica e ensinasse a ordem a respeitar para atingir uma determinação máxima, e reunir a singularidade da situação concreta.[42]

3) Elaborar uma retórica minimalista: Cícero insiste na extrema secura dos tratados de retórica de Cleantes e de Crisipo, que são tais que, "se quisermos absolutamente aprender a ser mudos, não se deve ler outra coisa".[43]

A lógica estóica se conclui com uma teoria dos argumentos (*logoi*). Um argumento é constituído de uma ou várias premissas, de uma menor (*proslèpsis*, literalmente "assunção adicional") e de uma conclusão, por exemplo: se é dia, há luz; ora, é dia; portanto há luz.[44] Ela reduzia

42. Cf. *supra*, p. 87-90.

43. Cícero, *Do sumo bem e do sumo mal*, IV, 3, 7.

44. DL, VII, 76.

os argumentos em modos, o modo (*tropos*) sendo definido como um esquema de argumentação, por exemplo: se o primeiro, o segundo; ora, o primeiro, portanto o segundo.

Os estóicos classificavam finalmente os argumentos e analisavam suas diferentes propriedades. Crisipo possuía uma teoria que lhe permitiria reduzir a combinações de indemonstráveis todos os outros argumentos, essas reduções utilizando certo número de regras (*themata*), sobre as quais somos mal informados. Crisipo reconhecia cinco argumentos indemonstráveis, "que não precisam de uma demonstração".[45]

Enfim, a dialética, necessária à sabedoria ("o sábio é sempre dialético"[46]), permitiria igualmente estudar os "raciocínios embaraçosos" (por exemplo o Sujeito: "Se 'alguém' está aqui, não é verdadeiro que este esteja em Rodes; ora, alguém está aqui; portanto não é verdadeiro que alguém esteja em Rodes") ou o Sorites. Sabe-se que Crisipo se dedicou ao paradoxo do Mentiroso: como analisar uma proposição como "Eu minto", cujo paradoxo consiste no fato de ela parecer uma proposição verdadeira se for falsa, e falsa se for verdadeira?

Recapitulação

Por constituir uma etapa de importância da longa história do "senso comum" e afirmar novamente o caráter essencial da lógica da ancoragem sensível, o pensamento estóico traz, com sua teoria da representação, uma renovação essencial: a representação constituía de fato o esquema sensível inicial, cujo enunciado devia

45. DL, VII, 79-91.

46. DL, VII, 83. Traduz-se com maior freqüência uma outra lição do mesmo texto: "somente o sábio é dialético".

desenvolver discursivamente o conteúdo imediatamente proposicional (uma situação, quer dizer, um ou vários corpos dentro de uma maneira de ser determinada).

Por meio dessa apropriação sensível essencial e imediatamente situacional, era a oposição aristotélica entre substância e acidentes que era criticada. Deveríamos então assistir a uma inversão de perspectiva em dois níveis: 1) dentro de uma lógica essencialmente proposicional, o predicado iria tornar-se o constituinte dinâmico essencial da proposição, cujo caso, substituto polêmico do *hypokeimenon*, não constituía mais do que o ponto de ancoragem; 2) o campo do enunciado aparecia então como a imagem invertida do mundo dos corpos. No mundo físico, de fato, a realidade é essencialmente corpórea,as maneiras de ser desses corpos são incorpóreas e não afetam a realidade. No campo dos ditos, ao contrário, a proposição se aplica sobre o predicado, definido como dito incompleto: não conhecemos os corpos em si mesmos, só conhecemos os corpos em situação. O predicado é aquilo que acontece. O caso é aquilo com que devemos lidar.

A articulação essencial da física com a lógica, pela mediação da representação, se esclarecia por meio de sua ligação com a teoria da causalidade. A proposição estóica consiste em uma explicação, isto é, uma exibição das relações causais, múltiplas e hierarquizadas, de uma situação determinada. A própria teoria dos casos, iniciada pelos estóicos, podia se esclarecer com tal aproximação: é possível colocar em relação a oposição entre caso direto e caso oblíquo, ela própria expressa em dois grupos (caso direto e acusativo de um lado, genitivo e dativo de outro), e a divisão estóica entre causas perfeitas e principais, causas auxiliares e próximas. A relação com a causalidade, o privilégio da causalidade ativa, esclareciam finalmente o privilégio da construção ativa (predicado direto, caso direto, *symbama* que une um caso direto a um caso acusativo); os diferentes casos podem corresponder então ao número finito das posturas causais dos corpos dentro do enunciado. Crisipo associava o destino da proposição (*axiôma*), necessariamente verdadeira ou falsa, à sua teoria de uma causalidade integral, que não tem exceção:

> Se existe um movimento sem causa, toda enunciação, que os dialéticos chamam de *axiôma*, não será verdadeira ou falsa; pois aquilo que não tiver uma causa eficiente não será verdadeiro nem falso; ora, toda enunciação é verdadeira ou falsa; portanto, o movimento sem causa não existe.[47]

A lógica estóica foi a primeira a separar a dimensão da frase sob a do enunciado: a distinção entre dito completo e dito incompleto propunha a primeira análise propriamente sintática, independente da análise das condições de verdade. A lógica estóica produzia então, entre o estudo dos significantes e o estudo dos significados, um reconhecimento lingüístico exaustivo que constituía o fundamento necessário de onde extrair a célula canônica do enunciado: *merismas*, isto é, recensão das partes do discurso, e análise das virtudes e vícios da linguagem no estudo dos significantes, classificações dos predicados e menção dos casos na análise dos significados. Ela compreendia ainda uma teoria complexa dos tempos e das proposições simples.

O questionamento categorial constituía a segunda condição que permitia elaborar dentro de uma proposição de determinação máxima as características próprias de uma situação à qual a representação compreensiva fornecia o primeiro acesso sensível. Os estóicos integravam então a

47. Cícero, *Sobre o destino*, X, 20.

seu projeto apofântico o discurso sofístico sobre o acidente, que podia ter aparecido como um perigo: a identidade estava salvaguardada pela consideração da qualidade própria (*idiôs poion*), o tecido causal fundamental expresso sob a maneira de ser e transcrito de modo privilegiado dentro da estrutura transitiva. Para a grande insatisfação de Plotino, eles remetiam as determinações acessórias à maneira de ser relativa. Posto que o jogo apofântico perseguido pelos estóicos, aplicado à racionalidade integral da natureza, implicava a elaboração de uma "característica em língua natural"[48], eles propunham paradoxalmente uma teoria da linguagem tão sistematicamente elaborada que ela se tornava destacável de seu lugar filosófico original: esse objetivo iria servir em pouco tempo, de maneira lateral, ao aparecimento de uma nova disciplina, a gramática.[49]

48. Retomo aqui uma expressão de C. Imbert.

49. Sobre esse ponto, cf. F. Ildefonse, op. cit., Paris, Vrin, 1997.

4

Ética

Definição do lugar ético

Como o lugar dos significados se divide em lugar relativo das representações e lugar relativo dos ditos (*lekta*) que subsistem a partir delas, o lugar físico em "'lugares' relativos dos corpos, dos princípios, dos elementos, dos deuses, dos limites, do lugar e do vazio"[1], do mesmo modo o lugar ético se divide "em lugar relativo do impulso, em lugar relativo dos bens e dos males e em lugar relativo das paixões, da virtude, do fim e do valor primordial, assim como das ações, deveres, exortações e dissuasões".[2] Existe uma homologia, fundamentada na sistematicidade estóica, entre o local da representação dentro da lógica, o local do corpo dentro da física e o local da tendência ou impulso (*hormè*) dentro da ética. Além do mais, é na parte diretora (*hegemonikon*) da alma "que as representações e os impulsos se produzem e a partir da qual a linguagem é emitida".[3]

1. DL, VII, 132.
2. Ibidem, 84.
3. Ibidem, 159.

Viver em conformidade (com a natureza)

É possível extrair informações sobre as relações entre a ética estóica e o sistema em seu conjunto, participando da polêmica, e mesmo da malevolência, na apresentação que Plutarco faz das contradições de Crisipo. Este teria escrito em seu terceiro livro *Sobre os deuses*:

> Não é possível encontrar na justiça outro princípio nem outra origem que não seja aquela derivada de Zeus e da natureza universal: é, aliás, por aí que é necessário começar quando temos de falar dos bens e dos males.

Crisipo teria repetido em suas *Proposições físicas*:

> Não há outro meio, nem mais apropriado, para chegar à teoria dos bens e dos males, das virtudes e da sabedoria senão a partir da natureza universal e do governo do mundo.[4]

E, mais adiante, novamente: a teoria dos bens e dos males "não tem princípio melhor ao qual se referir, e a física só é ensinada para se estender sobre os bens e os males".

Cícero testemunha que os estóicos acrescentam a dialética e a física à lista de virtudes:

> Eles dão a ambas o nome de virtude, a uma porque ela contém as regras que nos impedem de dar nosso assentimento a uma proposição falsa ou de ser enganados por uma aparência ilusória de probabilidade; além disso, graças a ela, poderemos reter e conservar a instrução

4. Plutarco, *Sobre as contradições dos estóicos*, IX.

> que recebemos sobre os bens e os males. Sem essa ciência, não há ninguém, pensam eles, que não possa ser desviado da verdade e cair no erro.
>
> Se é verdade, em todo caso, que a precipitação e a ignorância são defeitos, eles têm razão quando chamam de virtude a ciência que os corrige. A física, não sem motivo, vê atribuído a ela o mesmo título: aquele que quer viver de acordo com a natureza deve de fato partir da visão do conjunto do mundo e da providência. Não se pode julgar verdadeiramente os bens e os males sem conhecer todo o sistema da natureza e da vida dos deuses, nem saber se a natureza humana está ou não de acordo com a natureza universal. E não se pode ver, sem a física, que importância (e ela é imensa) têm as antigas máximas dos sábios: "Obedeça às circunstâncias, siga Deus, conhece a ti mesmo, nada de exagero".
>
> Sozinho, o conhecimento dessa ciência pode nos ensinar o que pode a natureza na prática da justiça, na conservação de nossas amizades e afeições. A piedade para com os deuses e o reconhecimento que lhes é devido não podem tampouco ser entendidos sem um conhecimento detalhado da natureza.[5]

Há consenso sobre a definição do fim ético pela conformidade com a natureza. É a ligação com a natureza e essa relação de conformidade com a natureza que explicam que "todo bem [seja] benéfico, proveitoso, salutar, útil, belo, vantajoso, desejável e justo".[6]

Primeiramente, "a virtude basta à felicidade, como dizem Zenão, Crisipo, no primeiro livro de seu tratado *Sobre as virtudes*, e Hécato, no segundo livro de seu tratado

5. Cícero, *Do sumo bem e do sumo mal*, III, XXI-XXII.
6. Ibidem, 98.

Sobre os bens".[7] Os estóicos identificam a virtude, o soberano bem e a felicidade, que eles definem como o fato de viver em conformidade com a natureza.

É Zenão, o primeiro, em seu tratado *Sobre a natureza do homem*, que "disse que o fim era viver em conformidade com a natureza, o que significa viver segundo a virtude. Pois a natureza nos conduz a esta última. Da mesma forma, Cleantes, em seu tratado *Sobre o prazer*, Posidônio e Hécato em seus livros *Sobre os fins*. E, ainda, viver segundo a virtude equivale a viver em conformidade com a experiência dos eventos naturais, como diz Crisipo no primeiro livro de seu tratado *Sobre os fins*".[8]

Ao que parece, Zenão de Cício buscou conciliar as teses naturalistas acadêmicas e as lições da sabedoria cínica (Antístenes, de fato, já sustentava que o fim consiste em viver segundo a virtude: a virtude sozinha bastava para encontrar a felicidade[9]). O sábio deve viver em conformidade (*homologouménôs*), quer dizer, em conformidade com a natureza (*homologouménôs tèi physei*).

Segundo o testemunho de Estobeu, com efeito, a fórmula de Zenão se reduzia a: "viver em conformidade", *homologouménôs zèn*, e Cleantes, e depois Crisipo, explicitaram isso para "viver em conformidade com a natureza", mas a explicação dada por Estobeu não vai nesse sentido.[10] Cleantes entendia que era preciso seguir a natureza, isto é, a natureza comum, e não a natureza particular; Crisipo, por sua vez, entendia "sob (a palavra)

7. DL, VII, 127.

8. Ibidem, 87.

9. Ibidem, VII, 11, 104.

10. Para uma discussão dessa questão, ver V. Goldschmidt, *Le Système stoïcien et l'idée de temps*, p. 77, notas 1 e 2, assim como E. Bréhier, *Chrysippe et l'ancien stoïcisme*, p. 220, nota 2; ambos preferem atribuir a Zenão a adjunção: *tèi phussei*.

natureza, em conformidade com a qual é preciso viver, a um só tempo a natureza comum e de modo particular a natureza humana". Assim, Crisipo interpretava o "viver em conformidade com a natureza" zenoniano, que é "viver segundo a virtude", como um "viver segundo a experiência dos eventos que acontecem segundo a natureza"[11]: efetivamente,

> nossas naturezas são partes daquelas do Universo. É por isso que o fim se torna: viver conforme a natureza, quer dizer, ao mesmo tempo a sua própria e a do Universo, não produzindo com nossas ações nada daquilo que a Lei comum costuma interditar, a saber, a Razão direta que percorre todas as coisas, essa Razão idêntica a Zeus, que é o chefe do governo dos seres.
>
> E é nisso que consiste a virtude e a facilidade da vida feliz, quando tudo é realizado segundo o acordo harmonioso do demônio que habita cada um com a vontade do governador do Universo.[12]

A conformidade com a natureza não supõe a realização de uma adequação entre dois termos separados; a natureza não é a norma exterior à qual a ação deve se ajustar:

> Atrás do imperativo da conveniência, é preciso apreender, como sua fonte e seu fundamento, a indicação de um acordo.[13]

Dessa forma, a conformidade com a natureza não reúne no imperativo de uma conciliação dois termos separados; ela é a ativa conformação de um agente livre a

11. DL, VII, 87.
12. Ibidem, 88-89.
13. V. Goldschmidt, op. cit., p. 59.

uma ordem de conformidade que não é interrompida, mas desenvolvida intensivamente da tendência à razão. Viver em conformidade com a natureza é se conformar ativamente à sua natureza, que é razão. Mas, se essa conformação ativa à natureza é a conformação do agente à sua natureza própria de substância ativa, definindo um "acordo" de termo único, ela é também imediatamente conformação à natureza comum. Se a física envolve a ética, o imperativo ético, que define o fim como conformidade à natureza, ela irá, por sua vez, reatar "o presente da vida moral aos ritmos da vida universal e reencontrar o fundamento cosmológico do tempo vivido".[14]

Plutarco, denunciando a estranheza tautológica da determinação estóica do fim a ser perseguido, carece de competência. Se o fim é "ser sensato na escolha das coisas que têm valor para ser sensato", essa tautologia é apenas aparente, e Plutarco não assimila o sentido do *total simul* estóico: o homem deve intervir na natureza, a natureza estóica é a ordem racional de reunião dinâmica e de entre-expressão ativa e harmoniosa da natureza comum e das naturezas próprias. A intervenção ativa do homem é a tensão de uma afirmação dessa natureza racional da qual ele participa. Trata-se de compreender que podemos concorrer para uma efetividade determinada.

Dispomos de duas fontes importantes para a ética estóica: uma em Diógenes Laércio[15], outra no livro III de *Do sumo bem e do sumo mal*. Com Jacques Brunschwig[16], distinguiremos um duplo movimento, ascendente

---

14. V. Goldschmidt, op. cit., p. 61.
15. DL, VII, 84-131.
16. J. Brunschwig, *Philosophie grecque*, p. 550.

e descendente, no mapa do lugar ético: um movimento ascendente "leva da análise psicológica dos 'impulsos', que estão na base das ações, aos 'valores' (em nosso sentido do termo) que orientam essas ações positiva e negativamente (o bem e o mal), às perturbações que podem afetá-las (as paixões), à perfeição de que o agente é capaz (a virtude), finalmente, ao seu fim derradeiro (o *télos*)". Um movimento descendente conduz em seguida "as expressões supremas da moralidade às suas diversas especificações concretas (as *kathèkonta*) e à sua pedagogia (os preceitos e os conselhos)".

*O local da tendência ou impulsão (***hormè***)*

A natureza, ensina-nos Diógenes, não faz distinção alguma entre as plantas e os animais, posto que ela governa as primeiras sem impulsão nem sensação e que em nós se produzem igualmente processos de caráter vegetativo.

> Quando nos seres vivos se encontra acrescentada, além disso, a impulsão que eles utilizam para seguir no sentido daquilo que lhes é próprio, para esses seres vivos o [comportamento] conforme à natureza consiste em serem governados em conformidade com o impulso. Mas, quando a razão é dada aos seres racionais tendo em vista uma regulação mais perfeita, de forma justa, para eles, viver segundo a natureza torna-se viver segundo a razão. Esta vem de fato se acrescentar como um artesão (trabalhando) sobre o impulso.[17]

Essa passagem, do impulso à razão, descreve a gênese da moralidade.

17. DL, VII, 86.

Assim, o ingresso na ética se faz pela teoria do impulso. Por natureza, o ser vivo possui um impulso de conservar a si mesmo:

> A natureza desde a origem a apropria (a si mesma), como o diz Crisipo no primeiro livro de seu tratado *Sobre os fins*, quando diz que para todo ser vivo o objeto primeiro que lhe é próprio é sua própria constituição e a consciência que ele tem desta.
>
> Não seria verossímil com efeito que [a natureza] tenha tornado o ser vivo estranho [a si mesmo], tampouco que, depois de tê-lo feito, ela não o tenha tornado estranho ou apropriado [a si mesmo]. Resta então dizer que, ao constituí-lo, ela o tornou apropriado a si mesmo; é assim de fato que ele repele aquilo que lhe é nocivo e procura aquilo que lhe é próprio.[18]

Da mesma forma, Cícero apresenta o fato de se conservar na sua constituição natural como o primeiro dos convenientes (*kathèkonta*).[19] É o valor (*axia*) de uma coisa que explica o direito dessa coisa à nossa preferência. Ora, o valor ou a ausência de valor de uma coisa depende de sua conformidade ou de sua não-conformidade com a natureza, ou de sua capacidade ou de sua não-capacidade para produzir alguma coisa conforme. Após o fato de se conservar a si mesmo em sua constituição natural, vem então, na ordem dos convenientes, o fato de se apegar às coisas que são conformes à natureza e de repelir aquelas que são contrárias à natureza. Uma conexão é então estabelecida entre "o conveniente e a seleção, depois a permanência

18. DL, VII, 85.

19. Por causa da tradução ciceroniana de *kathèkon* por *officium*, a tradução francesa por "devoir" (dever) mantém-se bastante difundida, ainda que discutível.

da seleção" que "acaba então por ficar em constante acordo consigo mesmo e em harmonia com a natureza; e é nessa seleção que, pela primeira vez, o bem começa a ser contido e que se descobre a idéia daquilo que pode ser verdadeiramente chamado bem".[20]

Assim,

> aquilo que existe primeiro no homem é sua acomodação [instintiva] às coisas que são conformes à natureza. Mas tão logo compreenda isso, ou adquira, para melhor dizer, a noção, chamada pelos estóicos de *ennoia*, logo que tiver observado, naquilo que deve realizar sua conduta, a existência de uma ordem e, por assim dizer, de uma harmonia, essa harmonia lhe parece ter muito mais valor que os objetos primeiros de sua preferência: e de tudo aquilo que o conhecimento [refletido] e a razão lhe permitiram recolher, ele conclui que é lá que reside o soberano bem do homem, este bem que é preciso estimar e buscar em si mesmo.
>
> Posto que aí está o soberano bem (naquilo que os estóicos chamam de *homologia*, termo que podemos traduzir, se quisermos, por "acordo"), posto que aí reside o bem ao qual tudo deve ser restituído, ocorre que as ações morais e a própria moralidade, que [para nós] é a única coisa que conta entre os bens, tudo isso não é, sem dúvida, primitivo e só vem mais tarde, entretanto, é a única coisa que, por sua essência própria e sua dignidade, merece ser buscada, enquanto nenhuma das tendências primitivas da natureza não está em busca senão de si mesma.
>
> Mas, como os atos que chamei "convenientes" têm como ponto de partida os motivos principais da natureza,

20. Cícero, *Do sumo bem e do sumo mal*, III, XXX.

> é necessário que sejam relacionados, mas de modo que se possa dizer legitimamente de todos que o fim ao qual se relacionam é atingir os princípios originários da natureza, porém não o de encontrar neles o bem primeiro, visto que, nas primeiras acomodações da natureza, não há lugar para a ação moral, esta ação sendo uma seqüência e vindo, como já o disse, somente mais tarde; o que, aliás, não a impede de estar de acordo com a natureza e [mesmo] de exercer sobre nós uma atração muito maior que aquela de todas as tendências anteriores.
>
> Mas há, naquilo que precede, uma causa de erro, que é preciso suprimir desde o início, para se evitar chegar à conclusão de que existem dois bens soberanos. Nós somos, de fato, quando falamos de um fim derradeiro dentro da série dos bens, como alguém que tivesse a intenção de atingir um objetivo com uma lança ou com uma flecha. Numa comparação dessas, o atirador deveria fazer tudo para atingir o alvo, e, contudo, é o ato de fazer tudo aquilo através do que a intenção pode ser realizada que seria, se posso dizê-lo, seu fim derradeiro, correspondendo ao que chamamos, quando se trata da vida, o soberano bem; enquanto o ato de acertar o alvo seria apenas uma coisa que merece ser pesquisada por ela mesma (*expetendum*).[21]

Na formulação de Jacques Brunschwig, trata-se de fazer tudo aquilo que está em nosso poder para alcançar uma coisa que não está em nosso poder.

Os estóicos remetem através de metáfora à situação de recomendação, na qual a pessoa à qual se foi recomendado acaba por tornar-se a nossos olhos mais importante que a pessoa que nos recomendou:

21. Cícero, op. cit., II, IV, 21-22.

Como todos os convenientes têm como ponto de partida as tendências primeiras da natureza, essas mesmas tendências são forçosamente também o ponto de partida da sabedoria. Mas, da mesma forma que acontece freqüentemente de uma pessoa recomendada ter mais consideração com aquele a quem se destina a recomendação do que com aquele que lhe deu essa recomendação, assim não é nem um pouco surpreendente que originariamente sejamos recomendados à sabedoria pelas tendências iniciais da natureza e que, em seguida, a própria sabedoria nos pareça mais cara que as tendências de onde partimos em sua direção.

E da mesma maneira que nossos membros nos foram dados com características tais que, manifestamente, é devido a certo modo de existência que nos foram dados, assim a apetição da alma, que os gregos chamam de *hormè*, parece nos ter sido dada, não para um gênero de vida qualquer, mas tendo em vista uma forma de existência determinada; do mesmo modo, também a razão e a razão em sua conclusão.[22]

A moralidade perfeita dos katorthômata

Os estóicos comparam a sabedoria à arte do ator e à dança: para o ator, nem todos os gestos são permitidos, assim como para o dançarino nem todos os passos são permitidos, mas somente aqueles gestos e passos que lhes foram dados para executar: igualmente a vida deve ser conduzida, não de uma maneira qualquer, mas de um modo determinado, de uma maneira regulada e harmoniosa. Ora, definindo a moral perfeita, eles mesmos restringem o alcance dessa metáfora: a moralidade das "ações

---

22. Cícero, op. cit., II, VII, 23-24.

direitas" ou dos "atos corretamente executados" (*katorthômata*) difere dos atos corretamente realizados do jogo do ator e da dança. Esses últimos, aliás, por mais corretos e corretamente realizados que sejam, não contêm todos os elementos da arte à qual eles correspondem, enquanto os *katorthômatas* "contêm tudo aquilo de que a harmonia constitui a virtude".[23]

A moralidade perfeita da ação direita, do *katorthôma*, não conhece graus; está-se ou não se está dentro da moralidade, não existe nenhuma situação moral intermediária, e nenhum acesso progressivo à moralidade: nunca somos mais ou menos morais ou mais ou menos virtuosos. As comparações estóicas são eloqüentes:

> Assim como aquele que, no mar, encontrando-se um palmo abaixo da superfície não se sufoca menos do que aquele que mergulhou quinhentas braças, da mesma forma aqueles que se aproximam da virtude estão no vício tanto quanto aqueles que dela se encontram distantes; e do mesmo modo que os cegos são cegos, ainda que devam logo recuperar a visão, os homens que estão melhorando continuam sendo insensatos e maus, até que tenham alcançado a virtude.[24]

Ou ainda:

> Aqueles que estão imersos sob a água, se não estiverem longe da superfície de maneira a poder de um momento para outro emergir, não podem respirar mais do que se estivessem no mesmo instante no fundo do mar; aquele cãozinho que se aproxima do momento em que seus olhos irão ver, distingue tão pouco os objetos quanto os

23. Cícero, op. cit, II, VII, 24.

24. Plutarco, *Sobre as concepções comuns contra os estóicos*, X.

> que acabam de nascer: da mesma forma que aquele que fez um progresso no sentido das disposições virtuosas encontra-se tão na desgraça quanto aquele que não avançou sequer um passo.[25]

Ou, finalmente:

> Do mesmo modo que a luz de uma lâmpada se escurece e empalidece diante do brilho do sol, uma gota de mel se perde na extensão do mar Egeu, ou uma pepita no meio das riquezas de Creso, ou um passo na estrada que leva daqui até a Índia, assim como, se o fim dos bens é tal como o dizem os estóicos, todo o valor que os peripatéticos atribuem às coisas do corpo deve se obscurecer, se cobrir e desaparecer diante do esplendor e da grandeza da virtude.
>
> Da mesma maneira que a oportunidade não cresce por se prolongar no tempo (a propósito, guardando em cada um desses momentos o valor que lhe é próprio), a conduta direita (assim eu traduzo *katorthôsis*, *kartothôma*, designando a ação direita), a conduta direita, digo, e também conseqüente e o próprio bem que consiste no acordo com a natureza não admitem a adição de nada que possa aumentá-los.
>
> Não mais do que a oportunidade, esses bens que acabo de enumerar não crescem por se prolongar no tempo; por essa razão, os estóicos pensam que a vida feliz não deve ser mais desejada ou mais procurada por ser longa ou breve; eles empregam esta comparação: se o mérito de um coturno é calçar exatamente o pé, não há motivo para preferir um grande número de coturnos a um pequeno número, nem os maiores aos menores; da

25. Cícero, *Do sumo bem e do sumo mal*, III, XIV, 48.

> mesma forma, se o bem é determinado pela conseqüência e pela oportunidade, não há razão para se preferir os bens mais numerosos aos menos numerosos, sua longa duração à sua brevidade.[26]

Não se está mais ou menos dentro da moralidade, ou se está ou não se está dentro da moralidade. Não existem nem intermediários de moralidade, nem acesso progressivo à moralidade. Parece que a consecução recíproca (*antakolouthia*) das virtudes está associada a esse tudo ou nada da moralidade: de fato, "as virtudes, diz ele [Crisipo], são reciprocamente conseqüências umas das outras, não apenas porque o que uma tem todas têm, mas porque agir segundo uma delas é agir segundo todas elas; o homem que não tem todas as virtudes não é perfeito; e aquele que não realiza cada um de seus atos segundo todas as virtudes, não realiza um ato perfeito".[27] Diógenes atribui essa tese particularmente a Crisipo no primeiro livro de seu tratado *Sobre as virtudes*. Os estóicos perseguem a idéia platônica que une a virtude a suas partes – a tal ponto que aquele que possui uma virtude possuirá igualmente as outras.

É nesse ponto que a consecução recíproca das virtudes parece solidária tanto em relação à *contagio rerum*, à simpatia universal, quanto ao modelo da alma concebida como unidade (de formação e de deformação) de um polvo; meio não compartimentado, aberto, comunicante, meio plástico e condutor dentro do qual toda impulsão local se transmite ao conjunto da alma – pode-se

26. Cícero, *Do sumo bem e do sumo mal*, XIV, 45-46.

27. Plutarco, *Sobre as contradições dos estóicos*, XXVII. Cf. igualmente DL, VII, 125: "Eles dizem que as virtudes se encadeiam umas às outras e que aquele que possui uma delas possui todas, pois seus princípios teóricos são comuns".

reconhecer aí da mesma maneira o análogo psicológico da mistura total.

Entretanto, ao lado da moralidade perfeita, os estóicos, que não se consideram a si mesmos sábios, abrem espaço para uma moral aplicada (que dá lugar a um progresso, *prokôpè*, moral). Retomaremos a mesma metáfora:

> Mas os homens em progresso moral assemelham-se não aos cegos, mas aos míopes, não aos afogados, mas aos nadadores que estão perto do porto.

Os próprios estóicos o testemunham com seus atos, posto que dão conselhos em moralidade.

Preferíveis, rejeitáveis e indiferentes

Ainda que tenham estabelecido que "o único bem é o honesto, o único mal é o vergonhoso", os estóicos quiseram "que houvesse um meio de distinguir entre os objetos que não têm o poder de determinar a felicidade ou a infelicidade da vida, de tal modo que, entre esses objetos, alguns tivessem um valor positivo, outros um valor negativo e, finalmente, outros fossem sem valor".

Essa avaliação restitui um direito de cidadania aos intermediários, aos mais e aos menos, e a classificação em valor positivo, valor negativo e sem valor surge como o homólogo ético da repartição das proposições em verdadeiras, falsas, nem verdadeiras nem falsas. Entre os primeiros, contaremos, por exemplo, a saúde, a integridade dos sentidos, a ausência de dor, a glória, ou a riqueza; entre os que têm um valor negativo, incluiremos a dor, a doença, a perda dos sentidos, a pobreza e a desonra. Zenão cria para essas duas classes distintas as duas noções contrárias de preferível, literalmente "posta à frente", *proêgmenon*, e de *apoproêgmenon*:

Na corte de um rei, diz ele, não se diz do próprio rei que ele avançou até as maiores honras (este é o sentido de *proêgmenon*); diz-se isso daqueles que têm um cargo que os coloca o mais perto possível da soberania do rei, quer dizer, no segundo escalão; da mesma forma, na vida, chama-se de *proêgmena* (quer dizer "posto à frente") não as coisas que ocupam a primeira fileira, mas aquelas que ocupam o segundo escalão; nós as chamaremos assim (é a tradução literal) ou então "adiantadas" e seus contrários "recuadas", ou então, como eu o disse anteriormente, "preferíveis" e "principais" e as demais "rejeitadas"; pois, uma vez bem entendida a idéia, não devemos complicar o emprego das palavras.

Ora, visto que o bem ocupa sempre o primeiro lugar, aquilo que chamamos de coisa preferível ou principal não deve ser nem um bem nem um mal. Damos dela a seguinte definição: uma coisa indiferente dotada de um valor médio (vem-me ao espírito chamar de coisa indiferente aquilo que os estóicos chamam de *adiaphoron*).[28]

As paixões e a apatia

Zenão e seus sucessores retomam o "viver em conformidade com a natureza" da sabedoria cínica, e lhe dão inflexões radicalmente novas. A ética do antigo estoicismo se define, portanto, por uma inscrição dentro da ordem cósmica e natural, que é uma ordem racional. Essa inscrição é uma inserção ativa e dinâmica. De outro ponto de vista, o antigo estoicismo permanece fiel à consecução platônica do conhecimento à ética: acontece que essa consecução é cosmologicamente fundada. A ética é racional, e o ideal do sábio é erradicar as paixões e

28. Cícero, *Do sumo bem e do sumo mal*, III, XVI.

alcançar a impassibilidade (*apatheia*) e a autarcia: ele deve bastar-se mantendo-se mestre de si mesmo.

Os estóicos colocam os sentimentos e os afetos do lado dos *pathè*, ou seja, o mais perto da etimologia dos *pathè*, da paixão, da passividade, daquilo que, na alma, é sofrido. Diferente da sensação, passiva, que pode ser elaborada no processo do conhecimento e retomada de modo ativo pelo sujeito no momento do assentimento, os sentimentos não são suscetíveis de nenhuma elaboração positiva – exceto três paixões que julgarão boas e reterão, as *eupatheiai*.

Os sentimentos e os afetos, que eles reduzem às "paixões", não são naturais. Zenão definia a paixão, considerada em si mesma, como "o movimento da alma irracional e contrária à natureza ou ainda uma impulsão excessiva".[29] Ou ainda: "o distúrbio, que ele chama de *pathos*, é 'um movimento da alma que se afasta da razão direita e que é contrário à natureza'".[30]

Em seu tratado *Sobre as paixões*, ele distinguia, em meio às paixões principais, entre quatro gêneros: o sofrimento, o temor, o desejo e o prazer. Daí resulta uma combinatória proveniente das definições das paixões fundamentais – os estóicos estão na origem de todo "tratado das paixões".[31]

> O sofrimento é contração insensata; suas espécies são a piedade, a inveja, o ciúme, o espírito de rivalidade, a aflição, o tormento, a mágoa, a dor; e a confusão. [...]
>
> O temor é a antecipação de um mal. Associam-se ao temor as seguintes paixões: o terror, a pusilanimidade, a vergonha, o pavor, o pânico, a angústia. [...]

29. DL, VII, 110.
30. Cícero, *Tusculanas*, IV, VI.
31. Pode-se pensar tanto no tratado das paixões de Descartes como no tratado das paixões que se encontra no livro III da *Ética*, de Espinosa.

> O desejo é uma tendência irracional, sob a qual se agrupam as seguintes paixões: a frustração, o ódio, o espírito de disputa, a cólera, o amor, o ressentimento, o arrebatamento. [...]
>
> O prazer é uma elevação irracional na direção do que parece desejável. Reúnem-se sob esta paixão o deleite, a alegria malévola, o gozo, o transbordamento.

A fonte das paixões é o excesso,

> quer dizer, um desfalecimento do espírito inteiro e da razão direita, tão afastada de seus preceitos que não se pode mais governá-la nem reter os pendores da alma.
>
> Da mesma forma então que a justa medida acalma os pendores, os faz obedecer à razão direita e conserva os julgamentos refletidos do espírito, do mesmo modo o excesso, que lhe é hostil, suprime toda a estabilidade da alma ao enervá-la, perturbá-la e excitá-la; e é por isso que ele engendra os sofrimentos, os temores e todas as demais paixões.[32]

Somente uma alma sem paixão pode fazer os homens perfeitamente felizes, ao passo que uma alma agitada, arrastada para longe de uma razão completa e segura, perde não apenas seu acordo consigo mesma, mas também a saúde. De fato, os estóicos, por um lado, comparam as paixões às enfermidades do corpo: assim como a corrupção do sangue provoca no corpo as doenças e os mal-estares, as paixões provocam doenças, depois desgostos. Eles as comparam igualmente às disfunções sensoriais: o olho que vê embaçado não se encontra no estado necessário para poder realizar sua função, ou seja, ver bem;

32. Cícero, *Tusculanas*, IV, 22.

os outros órgãos ou o corpo inteiro, se seu estado normal for perturbado, falham em sua função e em seu ofício; de modo semelhante, a alma, uma vez perturbada, já não se encontra apta a realizar seu serviço, quer dizer, a boa utilização da razão. Ora, a alma do sábio está sempre num tal estado que ela usa perfeitamente a razão. Portanto, ela jamais é perturbada.

Quando coloca a questão de saber se o sábio será acessível ao pesar e às outras perturbações da alma, o receio, o amor, a cólera, tantos fenômenos que se chamam *pathè* em grego, Cícero declara que teria podido traduzir literalmente por "doenças", mas que essa tradução não se ajustaria aos hábitos de linguagem de sua época: piedade, inveja, alegria louca, contentamento, tantas afecções sensíveis, é isso que em grego chama-se de doença, movimentos da alma que desobedecem à razão; mas esses movimentos de uma alma abalada, ele prefere chamar de "perturbações" ou "movimentos perturbados da alma". Na medida em que o pesar é uma perturbação da alma, o sábio estará sempre isento disso.

Sustentar que essas perturbações atingem o sábio significaria se expor ao risco de a sabedoria diferir muito pouco da loucura. Significa que os estóicos consideram toda emoção da alma como uma loucura. Eles não admitem nenhum meio termo entre a razão e a loucura, e identificam a necessária inflação das paixões na alma à loucura – de tal forma a irresistível engrenagem das paixões reduz à ilusão toda tentativa de metriopatia, ou seja, toda tentativa para alcançar uma economia medida das paixões[33], e obriga a sua pura e simples erradicação:

> A palavra loucura (*insania*) designa um mal-estar e uma doença do espírito, quer dizer, esta má saúde (*insanitatem*)

33. É o objetivo dos peripatéticos.

> e esse mal-estar da alma que chamamos de loucura (*insaniam*). Ora, os filósofos chamam de doença todas as perturbações da alma; e dizem que o não-sábio nunca está isento dessas doenças. Ora, aqueles que estão em estado de doença não estão em boa saúde, e as almas de todos os não-sábios estão doentes; portanto, todos os não-sábios são loucos; a saúde da alma, pensam eles, consiste em tranqüilidade e constância; o espírito que se encontra desprovido disso é considerado atingido pela loucura, porque a saúde não pode existir dentro de uma alma perturbada mais do que dentro de um corpo doente.

Todos os não-sábios são, portanto, insensatos. A alma que se encontra em estado de enfermidade não é mais sã do que um corpo doente.

> A sabedoria é então a saúde da alma, e a falta de sabedoria uma espécie de saúde má (*insanitas*) que é loucura (*insania*) e também demência.

São homens sãos (*sanos*) aqueles cujo espírito não é perturbado por esse movimento, que é uma espécie de doença, e insensatos (*insanos*) aqueles que estão no estado contrário.

A paixão é, assim, sistematizada como patológica, mas do mesmo modo como a representação não-compreensiva foi relacionada a uma deficiência dos sentidos; ao modo como a imaginatividade, produtora de fantasmas, é circunscrita aos melancólicos e loucos. A patologia estóica tem ainda mais sentido, visto que a natureza é norma. Mas a patologia vale como circunscrição, e como circunscrição irremediável.

É preciso então ser sem paixão, e para isso erradicar as paixões, que são por si mesmas viciosas e nada têm de natural, nem de necessário:

> Todas as paixões estão completamente em nosso poder; estando todas dependentes de nosso julgamento e de nossa vontade. Portanto, está aqui o equívoco de que devemos nos libertar, a opinião que deve ser suprimida.[34]

Crisipo sustentava que as paixões são julgamentos – e é precisamente como julgamentos, e maus julgamentos, ou falsos julgamentos, que está a nosso alcance extirpá-las. Elas são paixões, *pathè*, o que significa que a elas nos submetemos. Mas, se nos submetemos, não quer dizer, segundo os estóicos, que sejamos afetados por uma exterioridade sobre a qual não temos controle algum, de uma maneira que seria análoga ao que se passa na sensação, em que uma situação determinada produz em nós um efeito – também um *pathos* –, a representação (*phantasia*). Submetemo-nos sob o efeito de um mau julgamento que nós mesmos formulamos. Nas paixões, somos os escravos de nós mesmos, do erro e da falsidade de nossos próprios julgamentos. Se então podemos erradicar as paixões é porque estamos subjugados em seus ferros.

Bem se pode dizer que, para os estóicos, somos livres para ser sem paixões, ou seja, que somos livres para ser desprovidos de afetos. Ou ainda: podemos não experimentar sentimentos. Dor e sofrimento são voluntários. A vontade e o julgamento são responsáveis pelo julgamento, e se a dor pode ser afastada – entendendo-se que ela não serve para nada e que é vão acolhê-la – é porque ela podia e poderia não ser acolhida.[35] Tudo que há de mal no sofrimento não depende "da natureza, mas (é) o produto de um julgamento voluntário e de uma opinião errônea".[36]

---

34. Cícero, *Tusculanas*, IV, XXXI, 65.
35. Ibidem, III, XXVIII.
36. Ibidem, III, XXXIII, 80.

De um lado, o afeto ou o sentimento é então compreendido como *pathos*, da parte daquele que é submetido; do outro lado, essas perturbações não são produzidas por uma força pertencente à nossa natureza; só há opiniões ou julgamentos irrefletidos. Não é que seja possível explicitar o sentimento dentro de um julgamento: o próprio sentimento é uma opinião e um julgamento irrefletido e errôneo. Por essas duas razões, é possível extirpá-lo e o sábio dele está isento. Veremos, contudo, que os estóicos retêm três paixões que consideram boas (*eupatheiai*) e que sua injunção ética de extirpar qualquer outra paixão não quer dizer que eles minimizam a importância das paixões.

É porque os estóicos pensam que todas as paixões derivam do julgamento e da opinião que eles "as definem com tanto cuidado, para que se entenda não apenas o quanto elas são repreensíveis, mas a que ponto elas estão em nosso poder". Eles distinguem quatro paixões principais: a tristeza, o temor, o desejo e o prazer. A tristeza é uma "opinião recente a respeito de um mal presente, durante o qual parece bom estar deprimido e ter o coração apertado. O prazer é a opinião recente de um bem presente, durante o qual parece bom sentir-se arrebatado de alegria; o temor, a opinião de um mal iminente que se considera como insuportável; o desejo, a opinião de um bem a sobrevir, cuja presença é considerada como útil".[37] Ou, ainda, o sofrimento é uma contração insensata, cujas espécies são "a piedade, a inveja, o ciúme, o ódio, a inquietação, o tédio, o sofrimento, a dor, a confusão".[38]

Esses julgamentos e opiniões não contêm em si somente as paixões, mas também os efeitos das paixões:

37. Cícero, *Tusculanas*, VII, 15-15.

38. DL, VII, 111.

assim, o sofrimento tem como efeito a mordida da dor; o temor, o recuo e a fuga diante da dor; o prazer produz um riso transbordante e o desejo um apetite sem freio. Quanto à opinião, ela designa "um assentimento fraco".

Os estóicos só retêm três afecções positivas (*eupatheiai*): a alegria, a circunspeção, a vontade.[39] A alegria é uma elevação da alma que é sensata, ao passo que o prazer é uma elevação insensata, a respeito de um objeto que parece desejável. A circunspeção, que consiste em evitar aquilo que é sensato evitar, é contrária ao temor, que é a espera de um mal. Finalmente, a vontade, que é uma tendência sensata, se opõe ao desejo, que é uma tendência insensata. As três afecções boas têm como ponto em comum serem sensatas, o que as une à virtude, idêntica à felicidade e ao soberano bem, enquanto as paixões são insensatas.

As paixões, que encontram sua origem no excesso, são julgamentos, opiniões, quer dizer, assentimentos fracos. Sensibilidade: aliança de excesso e de fraqueza. Em conseqüência, o sábio é sem paixão, *apathes*, "porque ele não se deixa arrastar", porque ele é regido pela razão direita. Sabedoria: razão direita e insensibilidade.

Pode se observar: é um desfalecimento de todo o espírito que está na origem das paixões. Ser levado pelo desejo é não estar mais "em seu próprio poder", "porque não se estará mais no poder desse espírito ao qual a natureza deu poder sobre toda a alma". Jacques Brunschwig apontou o motivo pelo qual podemos nos equivocar sobre a teoria estóica das paixões. Posto que os estóicos enaltecem a erradicação das paixões, posto que as reduzem a julgamentos, é então porque minimizaram a questão das paixões: "dizia-se que a famosa tese de Crisipo, segundo a qual as paixões são julgamentos da

---

39. DL, VII, 116.

parte hegemônica da alma, era uma tese de um intelectualismo louco, nos limites do absurdo"[40], que a experiência psicológica e a moral em curso nos autorizam a criticar: é a escolha de Posidônio.[41]

Mas a assimilação da paixão a um julgamento não é de modo algum um meio de racionalizar, e sim o contrário. Com efeito, se a paixão se reduzisse a ser apenas um julgamento errôneo, sem ser simultaneamente uma doença da alma, seria suficiente corrigir o erro de cálculo e de gramática, para aniquilar a paixão.

Ora, os estóicos, manifestamente, não têm nenhuma confiança numa terapêutica intelectual desse gênero. Crisipo destaca, ao contrário, a impotência do *lógos* para o apaixonado, a surdez total do apaixonado em relação ao *lógos*. *Video meliora proboque, deteriora sequor*: vejo o melhor e o aprovo, e persigo o pior.[42]

Assim, dizer da paixão que ela é um erro de julgamento é "dizer que ela se apoderou da própria razão, que ela se apossou dela e a perverteu até a medula [...] Somente um *lógos* pode resistir a outro *lógos*, mas um *lógos* interiormente viciado". Sêneca testemunha isso com clareza:

> É nas fronteiras que é necessário repelir o inimigo; pois, assim que entrar e atravessar as portas, ele não aceita mais limitação da parte daqueles dos quais se apoderou.

40. J. Brunschwig, *Études sur les philosophies hellénistiques*, cap. "Le Modèle conjonctif", p. 176.

41. Em *De placitis Hippocratis et Platonis*, Galeno associa o conflito sobre essa questão entre Crisipo e Posidônio às suas concepções distintas da alma; Posidônio teria chegado a uma concepção multipartida da alma do tipo platônico.

42. Esse verso é considerado o único que nos resta de *Medéia* de Ovídio. Ver também o *Hipólito* de Eurípedes: "Sabemos o que é o bem, mas não o praticamos" (v. 380-81) e sua *Medéia* (v. 1078-80): "Estou vencido. São muitas as desgraças. Sei diante de qual crime me encontro, mas a cólera carrega minhas resoluções, a cólera, que perdeu tantos homens".

> É falso se representar o espírito como colocado à parte, e considerar as paixões do exterior, de modo que ele poderia não tolerar que elas progridam mais do que é preciso; na realidade, é o próprio espírito que se transforma em paixão (*in adfectum ipse mutatur*) e é por essa razão que ele não pode mais mobilizar de novo essa força útil e salvadora, que se encontra agora traída e aniquilada.[43]

Jacques Brunschwig, que cita o texto anterior de Sêneca, aproximou "esta espécie de lei de expansão do irracional, invadindo todo o espaço psíquico disponível" do "modelo físico da diluição total de um corpo dentro da integridade do campo que lhe oferece um outro corpo", do "modelo conjuntivo do universo": "Quando a paixão abre uma brecha, é o *front* da razão que é totalmente rompido e que se desagrega, como o da verdade em uma conjuntiva assim que a menor falsidade desliza para dentro dela".[44]

A definição da paixão como falso julgamento é consistente com o monismo psicológico sustentado por Crisipo[45]: na paixão, seu princípio diretor, o *hègemonikon* (o "condutor", o "chefe" ou o "comandante"), é em si próprio psicologicamente afetado, e moralmente comprometido, pelas paixões, estas sendo ao mesmo tempo erros de julgamento (assentimentos injustificados dados a impressões errôneas sobre aquilo que é bom e mau) e impulsões excessivas (tendências a agir precipitadamente em função desses julgamentos equivocados).[46] Ela

43. Sêneca, *Sobre a ira*, I, 8.

44. J. Brunschwig, *Études sur les philosophies hellénistiques*, cap. "Le Modèle conjonctif", p. 177-78.

45. Cf. *supra*, p. 83.

46. J. Brunschwig, *Philosophie grecque*, p. 553.

é igualmente consistente com sua teoria da responsabilidade moral:

> Se a paixão é um julgamento, é porque ela é uma afecção na qual a pessoa está empenhada por inteiro; o eu se compromete incondicionalmente e assume por ela toda responsabilidade moral.
>
> Se as teorias pluralistas da alma são inaceitáveis para os mestres do estoicismo, é porque elas tendem a diminuir a responsabilidade do eu, a abrandar o sentimento de culpa: a supor que existe dentro da minha alma uma "parte irracional" que posso tornar o bode expiatório de minhas imperfeições; não é o eu, é um outro no interior de mim que é imoral, e contra o qual eu luto, mesmo que seja em vão; ele não me compromete verdadeiramente em suas torpezas.
>
> Contra essa possibilidade aberta à má-fé, o monismo estóico aparece como uma doutrina, e talvez primeiramente como uma experiência, da responsabilidade total do eu.[47]

Nesse ponto, a não-partição da alma, sua plasticidade integralmente comunicante e condutora em conseqüência, explica a possível inflação total da paixão, e sua circulação, sua maneira de se comunicar à alma inteira. A integralidade da responsabilidade moral retoma o "tudo ou nada" da moralidade perfeita dos *kathorthômata*. Nenhuma metriopatia, mas somente uma erradicação total pode remediar.

A moralidade kantiana também reduzirá a sensibilidade à patologia. Limita-se habitualmente a amplitude da influência do estoicismo, misturado ao cristianismo,

47. J. Brunschwig, op. cit., p. 178.

à filosofia moral do século XVII. Tentei salientar em alguns pontos que a filosofia de Leibniz, mas principalmente a de Espinosa, foram, desse modo, profundamente impregnadas. Mas a tradição estóica se perpetua ainda na moralidade kantiana, e, de modo mais surpreendente, na filosofia nietzschiana.

O estoicismo de Kant: alguns elementos

É aquilo que aparece na racionalidade da ética kantiana que define a liberdade e a moralidade na razão prática, ou sua rejeição das motivações patológicas da sensibilidade. Assim é o imperativo categórico kantiano, definido, na sua primeira fórmula, em relação à representação de uma legalidade natural universal, que é uma legalidade natural universal racional:

> Aja como se a máxima de tua ação devesse ser erguida por tua vontade na LEI UNIVERSAL DA NATUREZA.[48]

O "como se" difrata, tanto quanto possível, a conformidade à natureza que definia a ética estóica dentro da nova legalidade da natureza kantiana. Não dispondo mais da natureza estóica como norma, visto que a natureza é agora definida como o conjunto dos fenômenos, guardando, entretanto, do estoicismo a sua inovação provavelmente capital, a que será por mais tempo a mais vivaz, a da coincidência, Kant só podia acabar por produzir esse "como se", que era a própria sustentação e a mola dessa coincidência: já que devia, na ética, se tratar de coincidência, que a coincidência era a mola da afirmação, era preciso colocar algo com que coincidir e a que aderir.

---

48. Kant, *Fondements de la métaphysique des moeurs*, p. 137. [Ed. bras.: *Fundamentos da metafísica dos costumes*, Rio de Janeiro, Ediouro, 1967.]

Dessa ética da coincidência que une, além das diferenças que os separam, Kant a Nietzsche ou Espinosa, o existencialismo exprimirá o luto. Seria necessário frustrar a cavilha do esquematismo, fiador da coincidência, "arte oculta nas profundezas da natureza", em que se pode encontrar, concentrado em um ponto estratégico, o otimismo dogmático da representação compreensiva.[49] Sendo assim, é Deleuze que trata da alternativa ao estoicismo residual da coincidência, quando aborda o "deslocamento essencial", na medida em que este não cobre nenhuma semelhança, mas se revela a "variação primária"[50]; ou ainda quando ele marca a "conversão maior" que Foucault produz da "fenomenologia em epistemologia":

> Toda intencionalidade desaba [...] na "não-relação" entre ver e falar. [...] Pois ver e falar é saber, mas não se vê aquilo de que se fala, e não se fala daquilo que se vê; [...] tudo é saber, e é a primeira razão pela qual não existe experiência selvagem: não há nada antes do saber, nem embaixo dele. Mas o saber é irredutivelmente duplo, falar e ver, linguagem e luz, e é a razão pela qual não existe intencionalidade.[51]

---

49. Em teoria do conhecimento, é o esquematismo que garante, na *Crítica da razão pura*, a adequação entre as intuições da sensibilidade e os conceitos do entendimento. Já mostrei como era na própria representação (*phantasia*) estóica que se achava fundado o acordo entre sensibilidade e pensamento (cf. *supra*, p. 73). A ética estóica, definida pela conformação ativa à natureza, natureza comum e natureza própria, é uma ética da coincidência. Que a existência precede a essência, que não existe para a liberdade nenhuma essência à qual se conformar, que sejamos condenados a ser livres, exprime o luto que o existencialismo faz de toda ética da coincidência, como coincidência de uma essência.

50. G. Deleuze, *Logique du sens*, p. 56. [Ed. bras.: *Lógica do sentido*, trad. Luís Roberto Salinas Fortes, São Paulo, Perspectiva, 2000.]

51. G. Deleuze, *Foucault*, Paris, Éditions de Minuit, p. 116-17. [Ed. bras.: *Foucault*, São Paulo, Brasiliense, 1988.]

Mas existem confirmações mais delicadas da relação de Kant com o estoicismo. Na articulação entre ética, física e teoria do conhecimento, se situa o ensinamento estóico sobre as noções comuns.

As noções comuns (*koinai ennoai*) se desenvolvem em cada um espontaneamente, naturalmente. Elas se formam em geral a partir da idade de quatorze anos – outro ponto em comum entre os estóicos e Heráclito, posto que, segundo Aécio, "Heráclito e os estóicos declaram que os homens começam sua maturidade ao final da segunda série de sete anos, no momento em que se desenvolve a atividade sexual".[52] Existe, aparentemente, um sentido amplo de noções comuns, que as aparenta aos conceitos – e que faz da teoria das noções comuns uma teoria dos universais e de sua gênese empírica.

Existe igualmente um sentido mais estreito das noções comuns, que as aproxima mais das proposições que dos conceitos. Por exemplo, a existência dos deuses é uma noção comum. A partir dos fenômenos, concebe-se a existência de uma força celeste e divina. Nesse caso, a noção comum que tem por conteúdo a existência dos deuses é uma conclusão natural: é assim que "o terror que inspiram o raio, as tempestades, as nuvens carregadas" está entre as premissas que nos fazem concluir pela existência dos deuses.[53] Segundo Cleantes, existem quatro razões pelas quais temos uma "noção comum" dos deuses:

> Diverge-se sobre sua natureza; ninguém nega sua existência. Nosso Cleantes diz que as noções dos deuses se formaram nos espíritos humanos por quatro causas.

52. Heráclito, A, XVIII.
53. Cícero, *Sobre a natureza dos deuses*, II, V, 13-14.

A primeira [...] resulta da previsão do futuro.

A segunda da importância das vantagens que se extraem do justo equilíbrio do ar, da fecundidade da terra e da abundância de tantas outras comodidades.

A terceira é o pavor que produzem dentro das almas o relâmpago, os furacões, as nuvens, a neve, o granizo, as devastações, as epidemias, os terremotos e os ruídos subterrâneos, as chuvas de pedra, as gotas sangrentas na chuva, os desabamentos e os abismos que se abrem na terra, os monstros contra a natureza dentro dos homens e dos animais, as flamas que vemos nos céus, as estrelas chamadas de cometas pelos gregos e por nós de astros cabeludos, que, na guerra recente de Otávio, foram mensageiras de grandes infelicidades, o duplo sol [...]; no seu pavor, os homens suspeitaram que havia aí alguma força celeste e divina.

A quarta causa e a principal é a regularidade do movimento, a revolução do céu, a distinção entre o Sol, a Lua e todas as estrelas, sua utilidade, sua beleza, sua ordem; a visão de coisas semelhantes, por si só, demonstra suficientemente que não se devem ao acaso.

Se entramos numa casa, num ginásio ou numa praça, observando a disposição, a medida, a organização de todas as coisas, não podemos crer que tudo aquilo se fez sem causa, e podemos ver bem que há alguém que está no comando e que é obedecido; da mesma forma e muito mais, em todos os movimentos, em tantas sucessões, na ordem de coisas tão numerosas e tão grandes que, na duração infinita e sem medida, jamais foi desmentida, devemos certamente concluir que uma inteligência governa esses tão grandes movimentos naturais.[54]

54. Cícero, *Sobre a natureza dos deuses*, II, V, 13-15.

Zenão já concluíra que somente uma natureza inteligente poderia mover o mundo.[55]

Outros testemunhos, como o seguinte em Diógenes: "de maneira natural é concebida uma coisa justa e boa"[56], levaram a considerar a existência do bem, a existência do justo – quer decidamos distingui-los ou uni-los –, como outras noções comuns, no sentido restrito. Émile Bréhier chegou a constituir para isso a seguinte lista, frágil, já que *composta*, e não confirmada como lista:

> Eles [os estóicos] admitem que existe em todos os seres sensatos (e é exatamente isso que constitui a razão) um certo número de opiniões naturais que podem servir de base para discussão: em matéria de moral, por exemplo, todos os homens têm uma noção natural do bom e do justo; em matéria de física, da existência de deuses e da sobrevivência da alma.[57]

Vários pontos criam problemas: a distinção clara entre dois tipos de noções comuns, a existência de uma lista de noções comuns, tal qual a exposta por Bréhier, como a noção comum de uma imortalidade da alma – quaisquer que sejam as diferenças de tratamento, de interesse e de investimento entre Zenão, Cleantes e Crisipo sobre a questão da imortalidade, eles mantinham provavelmente uma posição intermediária entre a imortalidade da alma platônica, que não lhes interessava nem um pouco, e o total desaparecimento da alma após a morte (a posição de Epicuro[58]); a questão da imortalidade pessoal, com certeza, os deixava visivelmente indiferentes.

---

55. Sexto Empírico, IX, 111.
56. DL, VII, 53.
57. E. Bréhier, *Chrysippe et l'ancien stoïcisme*, p. 65.
58. Cf. Jean-Baptiste Gourinat, *Les Stoïciens et l'âme*, Paris, PUF, p. 35.

A terminologia das noções comuns terá uma ampla posteridade, em Espinosa, por exemplo. Mas é por demais impressionante, fora da terminologia, encontrar ao menos uma, e talvez duas, das noções comuns estóicas entre os três postulados da razão prática; a existência dos deuses e a imortalidade da alma, quer dizer, uma noção que se forma espontaneamente dentro da alma de cada homem e que se conclui a partir de percepções sensíveis. De fato, os três postulados da razão prática são: a imortalidade, a liberdade considerada positivamente (como causalidade de um ser, como pertencente ao mundo inteligível) e a existência de Deus.

> O primeiro decorre da condição praticamente necessária de uma duração apropriada à realização completa da lei moral; o segundo, da suposição necessária da independência em relação ao mundo dos sentidos e da faculdade de determinar sua própria vontade, conforme a lei do mundo inteligível, ou seja, da liberdade; o terceiro, da condição necessária da existência de um soberano bem dentro de tal mundo inteligível, pela suposição do bem supremo independente, quer dizer, da existência de Deus.[59]

Quanto ao fato de "todos os homens terem uma noção natural do bom e do justo"[60], ele parece associar-se à pressuposição de disposições morais em relação à qual Kant manifesta seu invencível apego ao final da *Crítica da razão pura*.

> A fé em um Deus e em um outro mundo está tão unida à minha disposição moral que não corro mais o risco de

59. Kant, *Critique de la raison pratique*, livro II, capítulo VI, p. 142. [Ed. bras.: *Crítica da razão prática*, São Paulo, Martins Fontes, 2002.]

60. DL, VII, 53.

> perder esta fé, tampouco temo um dia ser despojado dessa disposição interior [...]
>
> A única dificuldade que se apresenta aqui, é que essa fé da razão se baseia na pressuposição de disposições morais.

Kant é surpreendente: "nessas questões", afirma ele, "não há homem que esteja isento de qualquer interesse".[61] Numa tematização bem distinta, certamente, é a terceira noção comum que aparece aqui sob os traços de uma inextirpável convicção.

61. Kant, *Critique de la raison pure*, II, capítulo II, terceira seção, p. 1383. Sobre o sentido de interesse, ver nota, ibidem.

5
A teoria do destino

Lógica e ética: o lugar do assentimento

O assentimento está em nosso poder, que retoma ou rejeita o dado passivo da representação. Ele decide nossa adesão à natureza e aos eventos que acontecem naturalmente. Os estóicos, unindo a ética à lógica ao colocar em jogo a proposição e o predicado, dizem que:

> Todas as tendências são assentimentos, e as tendências práticas envolvem igualmente uma potência motriz. Mas assentimentos e tendências não se relacionam aos mesmos objetos: os assentimentos são assentimentos às proposições, as tendências são tendências para os predicados, que são de certo modo incluídos nas proposições às quais se relacionam os assentimentos.[1]

A tendência seria tendência para os predicados, ao passo que o assentimento seria assentimento às proposições. No processo de conhecimento, o assentimento segue a representação, à qual ele adere – ou não; na ação, ele segue a tendência, à qual ele aquiesce – ou não. Representações e tendências se produzem ambas na parte

1. Ário Dídimo, in Estobeu, II, 88, 1-6 = SVF, III, 171 = LS, 331.

diretora da alma – são dados que não dependem de nós; sua elaboração, por outro lado, sua aceitação ou rejeição, essas, dependem de nós – e o assentimento é o ato e o momento em que o processo de conhecimento ou de ação passa da passividade e da receptividade do dado ao comprometimento.

Mas assentir a uma proposição não é apenas aceitá-la. O assentimento mantém uma relação essencial com a enunciação, e as análises dos gramáticos, aliás, lembrar-se-ão disso[2] – assentir a uma representação é aderir ao conteúdo proposicional desta, e é estritamente dizê-*la*, a enunciação tendo de ter a "transparência da mensagem" sem "alterar o conteúdo" da representação.[3]

Aí o assentimento se une à problemática do senso comum aristotélico como esta mesma instância que percebe, pensa e enuncia.[4] Na ação, por outro lado, o momento do assentimento parece corresponder ao momento em que o sujeito da tendência assume o predicado, objeto da tendência – ou seja, torna-se, em termos modernos, o sujeito da ação; em termos de lógica estóica, torna-se o caso direto que permite completar o predicado da tendência em uma frase ativa.

O assentimento que está em nosso poder – assentimento a uma representação determinada (física, teoria do conhecimento), a uma tendência determinada (ética) – corresponde à posição do sujeito (impessoal) da enunciação no caso da representação, àquela do sujeito (pessoal) do enunciado e da enunciação na ética: a primeira pessoa.

2. Para mais detalhes, cf. F. Ildefonse, *La Naissance de la grammaire dans l'Antiquité grecque*, segunda parte.
3. Cf. C. Imbert, *Phénomenologies et langues formulaires*, p. 205-6.
4. Cf. *supra*, p. 83-85.

Assentimento e teoria do destino

Se o assentimento decide sobre a atividade e a responsabilidade humana na lógica e na moral, ele não poderia deixar de ser essencial à análise estóica do destino. Sobre essa questão, nossa fonte principal é o tratado incompleto de Cícero, *Sobre o destino* (*De fato*), cuja exposição ilustra a contribuição essencial de Crisipo para a teoria do destino e produz uma ligação direta entre o problema do destino e o estatuto do assentimento (*adsensio*):

> Os velhos filósofos, aos quais parecia que tudo resultava do destino, diziam que o assentimento era produzido por força e necessidade. Por outro lado, os defensores da opinião contrária liberavam o assentimento do destino, e diziam que, o destino sendo aplicado ao assentimento, não se podia dele separar a necessidade.
>
> E eles raciocinavam assim: "Se tudo acontece pelo destino, tudo é o efeito de uma causa anterior; e se a tendência (*adpetitus*) é um efeito, igualmente o é o que se segue à tendência; portanto, também o assentimento. Mas, se a causa da tendência não está situada em nós, a tendência tampouco está em nosso poder; se isso é assim, os efeitos da tendência tampouco estão em nós; portanto, nem o assentimento nem a ação se encontram em nosso poder. De onde resulta que nem o elogio é justo, nem a culpa, nem as recompensas, nem os castigos".[5]

Crisipo resolvia os problemas relativos ao destino distinguindo entre diferentes tipos de causas. Evitando a necessidade, ele conservava o destino, ao mesmo tempo

5. Cícero, *Sobre o destino*, XVII, 40.

respeitando a causalidade; impossível "que alguma coisa aconteça sem ser precedida de uma causa":

> "Entre as causas", diz ele, "umas são perfeitas e principais (*aliae sunt perfectae et principales*), outras são auxiliares e próximas (*aliae adjuvates et proximae*)."[6]

Ao contrário, nós abusamos da linguagem comum quando dizemos que alguém quer ou não quer tal ou tal coisa sem causa: dizemos "sem causa" para "sem causa exterior e antecedente", e não sem causa alguma.[7]

Isso se aplicava ao assentimento e à tese de que os assentimentos vêm de causas antecedentes da seguinte maneira:

> Ainda que, de fato, o assentimento não possa ocorrer senão sob o choque de uma representação, como esta representação contém a causa próxima e não a principal, ele tem, como o quer Crisipo, esta maneira de ser de que acabo de falar; ele não é de tal modo que possa se produzir sem o abalo de uma força exterior (só pode ser provocado por uma representação), e Crisipo volta ao seu cilindro e a sua turbina que só começam a se mover mediante um impulso; mas, o impulso dado, ele considera, quanto ao resto, que tanto o cilindro é rolado como a turbina é girada pela natureza deles próprios.
>
> "Portanto", diz ele, "como aquele que empurrou o cilindro fez que se inicie seu movimento, mas não lhe deu a propriedade de rolar, assim também a representação imprimirá, certamente, e marcará sua forma em nossa alma, mas nosso assentimento estará em nosso

6. Cícero, op. cit., XVIII, 41.
7. Ibidem, XI, 23.

> poder, e, do mesmo modo que se disse do cilindro, impulsionado do exterior, ele se moverá quanto ao resto por sua própria força e natureza."[8]

E nesse ponto retoma-se a individualidade estóica: existe uma força própria e uma natureza, e essa natureza é causa – alguma coisa que se une à física do indivíduo como física da potência e das forças, alguma coisa que se une à qualidade própria, *idiôs poion*, que significa o nome (nosso nome próprio). Alguma coisa que tem relação com a teoria leibniziana do indivíduo e, ainda mais, o *conatus* de Espinosa.

> Trata-se, a cada vez, de nos inserir num dinamismo "natural" e fácil, de modo que o impulso assim adquirido nos leve a prolongar o movimento inicial e recebido até essa tensão autônoma que nos associa à Natureza inteira.[9]

O risco que envolvia o argumento preguiçoso é suprimido (se devo me curar de minha doença, eu me curarei, quer chame ou não um médico). Na economia geral dos *confatalia*, os eventos ligados pelo destino, minha doença está associada ao fato de eu chamar o médico. A liberdade não consiste tanto na invenção verdadeira de seus atos (a liberdade se fundaria no caráter absolutamente arbitrário e absolutamente insignificante da ação) quanto no dinamismo ativo, singular, de sua retomada: aí se antecipa a liberdade leibniziana definida como necessidade hipotética.[10]

---

8. Cícero, op. cit., XIX, 42-43.
9. V. Goldschmidt, *Le Système stoïcien et l'idée du temps*, p. 57.
10. Para entender como a liberdade humana é possível, é necessário distinguir entre dois tipos de necessidades. Diferente da *necessidade geométrica*, baseada no princípio de identidade e de não contradição, que

Plutarco[11] testemunha que, para os estóicos, os deuses são providenciais para nós, mas não são úteis, visto que eles não nos dão bens, mas coisas indiferentes: eles não nos dão a virtude, mas a riqueza, a saúde, a procriação das crianças. Isso não se associa ao fato de que a virtude e, por conseguinte, a moralidade, depende de nós? Isso não faz de nós as causas ativas, e principais, de nosso destino?

> Tornar-se digno daquilo que nos acontece, portanto querer e esclarecer o evento, tornar-se o filho de seus próprios eventos, e assim renascer, se refazer um nascimento, romper com seu nascimento carnal. Filho de seus eventos, e não de suas obras, pois a obra só é produzida pelo filho do evento.[12]

---

concerne, por exemplo, às verdades matemáticas, e, mais geralmente, ao incriado, ou seja, ao possível, mas que não rege o real, a *necessidade hipotética* é aquela que rege o mundo, e resulta do princípio da razão ("é que nunca acontece nada sem que haja uma causa ou, pelo menos, uma razão determinada, quer dizer, alguma coisa que possa servir para restituir a razão *a priori*, porque isso é existente antes de ser não existente, e porque é assim e não de outra maneira" [Leibniz, *Ensaios de teodicéia*, 44]) – e, portanto, da escolha divina. Ela concerne ao *compossível*, e não ao possível. A ordem que rege a criação não é do tipo geométrico: o futuro é contingente, e não necessário no sentido matemático do termo, mesmo se for certo. Ao contrário da necessidade geométrica, que exclui toda possibilidade de escolha e faz que a vontade seja determinada por um objeto, a necessidade hipotética torna necessária a escolha entre vários objetos possíveis: "Somos sempre mais inclinados, e conseqüentemente mais determinados, para um lado do que para outro, mas nunca necessitados das escolhas que fazemos. Entendo nesse ponto uma necessidade absoluta e metafísica; pois é preciso admitir que Deus, que o sábio, é levado ao melhor por uma necessidade moral. É preciso admitir também que somos necessitados para a escolha por uma necessidade hipotética" (*Ensaios de teodicéia*, II, 132).

11. Plutarco, *Sobre as concepções comuns contra os estóicos*, XXXII.
12. G. Deleuze, *Logique du sens*, "De l'événement", p. 205.

Lógica e adivinhação

O processo da ciência consiste na passagem do evidente (*dèlon*) ao não-evidente (*adèlon*). Ora, na época do antigo estoicismo, as ciências semiológicas, a medicina e a adivinhação, já empregavam o procedimento que "consiste em determinar um fato obscuro por seu laço de conseqüência com um fato desconhecido [...]; ambas se servem de fatos presentes (o estado do céu, ou das entranhas; o vôo dos pássaros; o sintoma de uma doença) para determinar fatos invisíveis (a idade da morte, etc.)".[13] Os estóicos reconheciam essas ciências e buscavam determinar seu princípio.

Os estóicos concediam crédito importante à adivinhação. Seguem-se alguns exemplos:

> Se existem intérpretes dos deuses, é necessário que os próprios deuses existam; ora, existem tais intérpretes; reconheçamos, portanto, que os deuses existem.[14]

Ou, então, em Diógenes:

> Toda forma de adivinhação é comprovada, se é verdade que existe uma providência.[15]

Pode-se notar que essa menção da adivinhação intervém na exposição física – seguindo imediatamente a definição do destino: "Tudo acontece em conformidade com o destino" – em que Diógenes refere-se à posição de Zenão e de Crisipo:

---

13. E. Bréhier, *Chrysippe et l'ancien stoïcisme*, p. 75.
14. Cícero, *Sobre a natureza dos deuses*, II, V, 12.
15. DL, VII, 149.

> O destino é a causa seqüencial dos seres ou então a razão que preside a administração do mundo.[16]

De fato, as teorias do destino e da adivinhação, que são ligadas, manifestam a sistematicidade estóica da articulação da física, da dialética, da ética e da teoria da causalidade, cuja "dupla face" toca tanto em uma como na outra.

Crisipo definia a adivinhação como "a faculdade de conhecer, perceber e explicar os sinais enviados aos homens pelos deuses".[17] Sua função é "pressentir qual é a disposição da divindade em relação aos homens, o que anunciam, e como esses presságios podem ser afastados e expiados". Crisipo era considerado por "ter reunido uma infinidade de oráculos, todos sustentados por fiadores e testemunhos seguros"[18] e certos estóicos, entre os quais Crisipo novamente, provavam a existência da adivinhação da maneira seguinte:

> "Se os deuses existem e não deixam os homens conhecerem o futuro antecipadamente, ou eles não amam a humanidade, ou ignoram o futuro, ou estimam que não serve para nada aos homens este conhecimento, ou consideram que é indigno de sua majestade lhes dar a conhecê-lo, ou, finalmente, os próprios deuses são incapazes de o anunciar.
>
> Ora, não é verdade que os deuses não nos amam (pois eles são benfeitores e amigos do gênero humano). Não ignoram o que eles mesmos estabeleceram e ordenaram. É da mesma forma inexato que não nos importa conhecer o futuro (pois seremos mais prudentes se

---

16. DL, VII, 149.
17. Cícero, *Sobre a adivinhação*, II, 63, 130.
18. Ibidem, I, XIX.

o conhecermos). Eles não consideram tampouco esse anúncio como indigno de sua majestade (nada, de fato, é superior à beneficência). Finalmente, é impossível que eles sejam incapazes de conhecer antecipadamente o futuro.

Não existem então deuses sem que eles nos indiquem; ora, existem deuses; portanto eles nos indicam. E, se eles nos indicam o futuro, eles também nos dão os meios para compreender seus sinais (senão estes seriam enviados em vão), e, se eles nos oferecem os meios, é impossível que a adivinhação não exista. Conseqüentemente, a adivinhação existe."

Tal é o raciocínio de Crisipo, Diógenes e Antípatro.[19]

Adivinhação e lógica possuem primeiramente em comum os signos e a interpretação. Para alcançar o objetivo ético, quer dizer, "querer os eventos como eles se produzem", é preciso conhecê-los e compreendê-los, é preciso interpretá-los. O homem, diz Epicteto, nasceu "para contemplar Deus e suas obras, e não somente para contemplá-los, mas também para interpretá-los".[20]

Interpretar, ou seja: colocar em relação. Essa interpretação tem três condições e três garantias: a representação suscetível de transição e de composição; o "modelo conjuntivo" do universo; a existência de uma representação compreensiva.

A capacidade humana que permite estabelecer esse relacionamento é a representação humana, enquanto suscetível de transição e de composição (*metabatikèi kai synthetikèi*).[21] É porque sua representação lógica é

19. Cícero, *Sobre a adivinhação*, I, XIX.

20. Epicteto, *Discursos como recolhidos por Arriano*, I, VI, 19. Citado em V. Goldschmidt, *Le Système stoïcien et l'idée de temps*, p. 79.

21. Cf. o texto de Sexto Empírico, *Adv. Math.*, VIII, 275, citado *supra*, p. 94.

suscetível de transição e de composição que o homem tem em si uma noção da consecução (*ennoia akolouthias*), que lhe permite formular signos – cuja forma é: "se isto, então isto" (*ei tode, tode*) – e demonstrações, cujo gênero é o signo. Se esse relacionamento é possível, é porque ele é real: interpretar consiste em desnudar e indicar uma articulação real, existente. Essa articulação é o próprio mundo. Deus ou a Natureza, Providência, Destino, entendido como malhagem causal integral. Finalmente, temos um acesso a essa rede, a esse "plano de imanência" onde tudo se encontra: o presente, a atualidade e a evidência de uma representação compreensiva, que transcreve com precisão artística todas as características próprias de uma situação determinada. Ora, antes da dialética, "é principalmente na adivinhação que o homem, na medida em que é capaz, imita essa visão de conjunto a partir de um evento singular".

Interpretar no presente: o homem interpreta os signos e essa interpretação desprende o sentido do presente.

> Na semiologia estóica, "o signo presente é o signo de uma coisa presente", não passada nem futura. A cicatriz é signo, não que alguém tenha sido ferido, mas "que ele é tendo sido ferido"; a ferida no coração não é um signo de que alguém deverá morrer, mas "que ele é devendo morrer", de maneira que o signo presente, apreendido pela sensação, permite entender o significado, oculto (*adèlon*) e invisível, dentro do modo presente.[22]

Da mesma forma, a adivinhação

> é um método de interpretação do presente, de um evento presente que, enquanto signo, exige uma explicação.

22. V. Goldschmidt, *Le Système stoïcien et l'idée de temps*, p. 44.

> Essa explicação não consiste necessariamente em prever o futuro. Ao contrário, a ciência divinatória não está limitada ao tempo; Calcas, nos diz Homero, "conhecia o presente, o futuro e o passado"; Tirésias, em *Édipo-Rei*, interpreta o presente pelo passado. Da mesma forma, a medicina, que também procede por explicação dos signos, alcança tão bem o futuro (a evolução da doença) como o passado (as causas ocultas).
>
> Em todo caso, interpretamos um evento presente associando-o a um outro, passado ou a acontecer. Do encadeamento das causas, sob o olhar de Deus, podemos obter ao menos uma visão parcial. Essa apreensão parcial das causas se faz dentro do modo presente, e é unicamente devido a essa condição que ela é válida.
>
> Mais exatamente, o presente do signo se comunica ao passado ou ao futuro do significado; ao mesmo tempo que o signo, o significado é apreendido dentro do modo presente: "O signo presente", já o vimos, "é o signo de uma coisa presente." Assim, a relação que a interpretação estabelece entre o signo e o significado é o de uma coexistência em que os dois termos, de início separados no tempo, se unem e tendem mesmo a se identificar.
>
> Ainda sobre essa questão, a adivinhação imita o melhor possível a visão total de Deus, que abrange o encadeamento sucessivo das causas no presente de uma causa única.[23]

Aquilo a que temos acesso é o membro presente e efetivo de uma organização mais ampla. Somente Deus tem acesso à totalidade efetiva e atual – presente – da organização; ele é essa totalidade:

---

23. Victor Goldschmidt, *Le Système stoïcien et l'idée de temps*, p. 80.

> Como tudo acontece pelo destino [...], se ele conseguisse encontrar um mortal cujo espírito fosse capaz de distinguir a ligação entre todas as causas, ele não se enganaria nunca: aquele, de fato, que conhece as causas das coisas por acontecer conhecerá necessariamente todo o futuro.
>
> Mas como ninguém, exceto um deus, pode fazê-lo, é preciso deixar ao homem a possibilidade de pressentir o futuro através de certos signos que anunciam o que se seguirá.
>
> Com efeito, os eventos futuros não nascem repentinamente, mas do escoamento do tempo, assim como do desenrolar de um cabo: o tempo não produz nada de novo; ele faz simplesmente aparecer cada coisa sucessivamente ao se desenrolar.
>
> É o que vêem aqueles que possuem o dom da adivinhação natural, assim como aqueles que conhecem pela observação o curso das coisas.[24]

O que leva a prestar atenção, apesar das resistências de Cícero, naquilo que se coloca por Crisipo no debate sobre a adivinhação do tratado *Sobre o destino* e à maneira como ele o resolve. No debate envolvendo a possibilidade de estabelecer a definição e a natureza do destino apoiando-se sobre a adivinhação, a investigação se faz para buscar os princípios dos quais parte a arte da adivinhação – posto que nenhuma arte pode operar sem princípios. Trata-se, por exemplo, dos princípios astrológicos tais que:

> Se um homem nasceu ao elevar-se da Canícula, ele não morrerá no mar.[25]

24. Cícero, *Sobre a adivinhação*, I, LVI, 127.

25. Ibidem, *Sobre o destino*, VI, 12.

Ora, se admitirmos que essa condicional é verídica, o que se segue igualmente o será: "Se Fábio nasceu ao elevar-se da Canícula, ele não morrerá no mar", e as proposições "Fábio nasceu ao elevar-se da Canícula" e "Fábio morrerá no mar" se contradizem. A partir do momento que é colocado como certo que Fábio nasceu ao elevar-se da Canícula, a conjuntiva, diz Cícero, composta das duas proposições em questão, será composta de proposições contraditórias, e o evento, que significa a proposição "Fábio morrerá no mar", não pode acontecer.

> Assim, esta proposição: "Fábio morrerá no mar" é do gênero daquelas que não podem ocorrer. Portanto, toda proposição falsa relativa ao futuro enuncia um evento impossível.[26]

A questão é importante. Está no coração da polêmica sobre o possível entre Crisipo e Diodoro, o dialético. Essa própria polêmica se insere na polêmica extremamente complexa entre Crisipo e Diodoro sobre o argumento chamado dominador (*kyrieuôn lógos*) que, para as três proposições seguintes, enuncia que existe conflito entre quaisquer das duas entre elas e a terceira:

> Toda proposição verdadeira concernente ao passado é necessária. O impossível não se segue logicamente ao possível. É possível aquilo que não é atualmente verdade e não o será.[27]

Diodoro, Cleantes e Crisipo sustentam posições divergentes. Diodoro conservava as duas primeiras e provava a partir delas que:

26. Idem.

27. Epicteto, *Discursos como recolhidos por Arriano*, II, XIX, 1.

> Nada é possível a não ser que seja verdadeiro atualmente ou que não deva sê-lo no futuro.

Nos termos de Cícero:

> Só é possível aquilo que é verdadeiro ou que o será; tudo que não o será é impossível.

Crisipo, ao contrário, dizia: "Os eventos que não acontecerão são possíveis; por exemplo, é possível que esta pedra preciosa seja quebrada, mesmo que nunca venha a sê-lo [...]", ainda que permaneça sempre no fundo do mar. Cleantes, por sua vez, sustentava que era falso dizer que o passado é necessário.

Admitir as predições dos adivinhos significa, conseqüentemente, colocar entre as coisas impossíveis os eventos falsamente preditos no futuro e declarar necessários os eventos preditos pelas predições verídicas – ou seja, abraçar a causa de Diodoro, o dialético. Para evitar essas conseqüências lógicas, importantes, e salvaguardar o possível, Crisipo substitui a proposição condicional ("Se alguém nasceu ao elevar-se da Canícula, ele não morrerá no mar") pela negação de uma proposição conjuntiva: "Não acontece que alguém tenha nascido ao elevar-se da Canícula e que ele deva morrer no mar".[28]

Como salientou Victor Goldschmidt[29], e quaisquer que sejam as reservas de Cícero, transformar a proposição condicional em conjuntiva nos enunciados da adivinhação significa traduzir a sucessão em simultaneidade, interpretar a conseqüência como uma coexistência. A lógica estóica funda a utilização rigorosa do condicional, que

28. Cícero, *Sobre o destino*, VII, 15.

29. V. Goldschmidt, *Le Système stoïcien et l'idée de temps*, p. 82-83.

ela distingue de sua utilização concreta, na adivinhação e na medicina.

Para Gilles Deleuze[30], é a adivinhação que estabelece a ética. A ética, de fato, consiste em querer o evento como tal, quer dizer, querer aquilo que acontece enquanto aquilo acontece. Se o evento incorpóreo não pode ser apreendido e desejado sem ser relacionado à sua causa corpórea e, através dela, à natureza como unidade das causas, é a adivinhação, diz ele, que estabelece a moral. A adivinhação como a arte das superfícies:

> Trata-se sempre de cortar na espessura, talhar as superfícies, orientá-las, acrescê-las e multiplicá-las, para seguir o traçado das linhas e os cortes que se desenham entre elas.
>
> Assim, dividir o céu em seções e nele distribuir as linhas de vôos dos pássaros, seguir no solo a letra que o focinho do porco traça, trazer o fígado à superfície e observar as linhas e as fissuras. A adivinhação é, no sentido mais geral, a arte das superfícies, das linhas e pontos singulares que ali aparecem.

Deleuze lembra, depois de Goldschmidt, que a ética estóica nunca se fiou nos métodos físicos da adivinhação, mas se orientou no sentido de outro método, lógico. A moral estóica oscila entre dois pólos:

> De um lado, tratar-se-ia, portanto, de participar tanto quanto possível de uma visão divina que reúna em profundidade todas as causas físicas entre si dentro da unidade de um presente cósmico para extrair a adivinhação dos eventos que daí resultam.

30. G. Deleuze, *Logique du sens*, p. 168.

> Mas, de outro lado, trata-se de querer o evento, qualquer que ele seja, sem nenhuma interpenetração, graças a uma "utilização das representações" que acompanha desde o início a efetuação do evento, atribuindo-lhe o presente mais limitado que seja.
>
> E, sobretudo, num caso em que se associe o evento a suas causas corpóreas e à sua unidade física; no outro caso, associa-se o evento à sua quase-causa incorpórea, causalidade que ele recolhe e faz ressoar na produção de sua própria efetuação.[31]

O condicional (*synèmmenon*) estóico, que é a pedra angular do edifício lógico estóico, é um parente dos raciocínios da medicina e da adivinhação, *synèmmena* concretos, nos termos de Bréhier. Mas o fato é que a adivinhação pode se enganar, que ela só tenha acesso, no melhor dos casos, a proposições prováveis. E que, sobretudo, como o diria Epicteto[32], a adivinhação não nos ensina nada daquilo que depende de nós, ela nos fala de eventos futuros, mas não nos fala de eventos como se dependendo de nós. Por isso, antes a utilização lógica das representações, que o estoicismo imperial levaria a um ponto muito elevado do desenvolvimento, do que a adivinhação.

É quando afirma a característica indispensável da lógica que Epicteto[33] condensa essas dimensões da relação entre a adivinhação e a lógica: seu parentesco na relação com os signos e com os signos presentes, sua diferença e porta única da liberdade pela utilização das representações, a sabedoria em vez da lógica. Não é por ele, diz Epicteto, que precisamos de Crisipo, "exegeta da natureza", mas para tomar consciência da natureza.

---

31. G. Deleuze, *Logique du sens*, p. 169.
32. Epicteto, *Discursos como recolhidos por Arriano*, II, VII.
33. Ibidem, I, XVII, 18-29.

> Da mesma maneira, o sacrificador não é útil por si mesmo, mas porque, por intermédio dele, pensamos conhecer o futuro e os signos enviados pelos deuses; nenhuma necessidade tampouco dos pássaros, a não ser pelos signos que eles nos dão; a maravilha não é o corvo ou a gralha, mas Deus, que, através deles, nos envia signos.

Epicteto prossegue, e continua a comparação em metáfora:

> Dirijo-me então ao meu exegeta, meu sacrificador, e lhe peço para examinar para mim essas vísceras e me dizer o que elas significam. Ele as toma, ele as exibe e me explica nos seguintes termos: "Homem, você possui por natureza uma vontade que não conhece obstáculo nem constrangimento: eis o que está escrito aqui, nestas vísceras".

Ele o mostra a respeito do assentimento, ele o mostra a respeito dos desejos e das tendências, ou impulsos:

> Se esta parte de nós mesmos, que Deus exprimiu de si para nos dar, foi devolvida por ele sujeita aos obstáculos e aos constrangimentos vindos dele ou de um outro ser, ele não será mais deus, não será mais para nós o ser providencial que deve ser.
>
> Eis o que encontro nas vítimas, eis os signos que elas nos dão. Se quiser, você é livre; se quiser, você não terá nem censura nem reprimenda a dirigir a ninguém; tudo será conforme sua vontade, que é também aquela de Deus.

É para uma "consulta desse tipo", conclui Epicteto, "que me dirijo ao sacrificador ou ao filósofo".

A lógica estóica substitui a proposição universal aristotélica pelo condicional, ao mesmo tempo que tem acesso a um estatuto real de parte da filosofia, contra seu estatuto precedente de instrumento (*órganon*). É no momento em que ela desfaz certo laço com o universal que a lógica acede a um verdadeiro estatuto de parte. Na arcaização que acompanha e funda a inovação estóica lógica, a adivinhação e a teoria do destino têm uma parte ligada. É Plutarco que mais claramente anunciou:

> O deus é adivinho e a arte divinatória se exerce segundo uma sucessão que conduz as coisas de seu princípio a seu fim. É por essa razão que aquele que é capaz de unir conforme a ordem natural as causas entre si e integrá-las num todo pode conhecer e anunciar "o que é, o que será e o que foi".
>
> Homero colocou o presente em primeiro, depois o futuro e o passado. Pois o silogismo, pela força do condicional, parte daquilo que é – exemplos: "se isto é, isto precede" e, ao contrário, "se isto é, isto se produzirá".
>
> A técnica lógica [...] consiste no conhecimento da consecução, e é a sensação que fornece a segunda premissa (*proslepsis*) do raciocínio.
>
> De fato, mesmo se a expressão tem algo de forçado, não posso me impedir de dizer que este raciocínio é o tripé da verdade, que coloca a consecução do conseqüente ao antecedente, e que, constituindo em seguida a existência como segunda premissa, conduz à conclusão da demonstração.[34]

Nossas sensações atuais, nossas representações – já que os estóicos não fazem mais distinção entre sensações e representações –, são os pontos de acesso à rede global do Destino, de Deus ou da Natureza, que é a malha integral de causas e efeitos. Dentro do presente total, o indicativo do universo, ela reúne tanto os eventos futuros como os

34. Plutarco, *Sur l'E de Delphes*, 6, 387A.

eventos presentes e passados. É esse encadeamento simultâneo que estabelece a possibilidade da adivinhação: se o homem conhecesse toda a série das causas, ele conheceria todo o futuro, ele pode, contudo, compreender os signos presentes que lhe permitem antecipar, dentro da sucessão, a existência de coisas futuras – pois tudo está ligado no universo. A lógica, cujo ponto de partida sensível é a representação, é uma adivinhação deslocada.

Nietzsche: um estoicismo sem cosmos

É preciso reconhecer o mérito de Nietzsche por ter identificado perfeitamente toda a base cosmológica da filosofia estóica:

> Quando vocês se exaltam pretendendo ler sua lei dentro do próprio livro da natureza, vocês querem de fato o contrário, estranhos atores enganando a si mesmos!
>
> Seu orgulho pretende orientar-se até a natureza e lhe inculcar sua moral e seu ideal; vocês exigem que a natureza seja "conforme à doutrina do Pórtico" e gostariam que toda existência se assemelhasse à imagem que inventaram, como uma imensa e eterna glorificação do estoicismo, transformado graças a vocês em doutrina universal!
>
> Apesar de todo seu amor pela verdade, vocês se constrangeram por tanto tempo, com tamanha obstinação e rigidez a ver a natureza sob um aspecto equivocado – estóico – que não são mais capazes de vê-la de outra forma. E eu não sei que insondável orgulho lhes dá a esperança insensata de que, pelo fato de vocês saberem se tiranizar – o estoicismo é a tirania sobre si mesmo –, a natureza se deixará, por sua vez, tiranizar.[35]

35. F. Nietzsche, *Par-delà bien et mal*, p. 19-20. [Ed. bras.: *Além do bem e do mal*, Trad. Paulo César Souza. São Paulo, Companhia das Letras, 1992.]

Nesse texto, Nietzsche inverte, intencionalmente, a ordem das consecuções da doutrina estóica: "vocês exigem que a natureza seja 'conforme à doutrina do Pórtico'" derruba de fato a determinação estóica da ética, já que a virtude, o soberano bem e a felicidade se definem pela conformidade à natureza.[36]

Ele denuncia um dogma lendo uma projeção. Nietzsche inverte a determinação como se inverte uma luva: a conformidade à natureza pela qual os estóicos definem a ética não é outra coisa que a aplicação à natureza de uma ética autotirânica. O orgulho estóico consiste na crença na possibilidade de tiranizar a natureza – em oposição ao mundo nietzschiano, não mais o cosmos, mas tempestade de fluxo de vontade de potência em perpétua modificação.

Nietzsche, denunciando a tirania estóica, sua projeção sobre a natureza, indica e remove, ao mesmo tempo, a base cosmológica da doutrina. Afirma, na formulação que ele mesmo fornece, o laço entre o mundo estóico e a substância espinosista, no mesmo instante em que ele associa o caos, no lugar do cosmos, à natureza: "*Chaos sive natura*".[37]

Entretanto, *mutatis mutandis*, só podemos constatar a maneira como o Eterno Retorno nietzschiano mantém uma relação com a definição de ética feita por Crisipo: "viver em conformidade com os eventos que acontecem", assim como com a cosmologia das conflagrações e a teoria do destino, *amor fati*.

De fato, a filosofia nietzschiana pode ser lida, sob vários aspectos, como um estoicismo sem cosmos, estoicismo paradoxal, uma vez que a filosofia estóica se baseia na racionalidade e na racionalidade do cosmos. Do

36. Cf. "Ética", p. 128 seg.

37. F. Nietzsche, *Fragments posthumes*, 11 [197], p. 387; citado em Michel Haar, *Nietzsche et la métaphisique*, p. 168.

mundo estóico, o "caosmos"[38] nietzschiano retém, contudo, a continuidade enérgica: cada foco de vontade de potência (que é a configuração singular de uma multiplicidade de forças) age efetivamente no mundo inteiro, *continuum* energético. A atribuição da vida como vontade de potência se une ao pensamento do Eterno Retorno e à cosmologia que o sustenta, de um mundo sem ordem, fixidez de uma energia constante.

É a versão inestética, absolutamente paradoxal, da "mistura total" estóica que resulta então:

> A fim de evitar a contradição quando se define a essência do mundo, é indispensável levar em conta que cada instante deve ser compreendido como um deslocamento global de todas as transformações.[39]

A própria idéia do Eterno Retorno se baseia numa teoria cíclica – que não deixa de ter relação com as conflagrações e as palingenesias sucessivas do mundo. O Eterno Retorno condensa em um só pensamento, que é o sentimento mais elevado (*hohe Stimmung*), uma psicologia, uma cosmologia e uma teologia não sistematizadas:

> Acolher tudo isso em sua alma, as coisas mais antigas e mais novas; as perdas, as esperanças, as conquistas, as vitórias da humanidade: ter finalmente tudo isso em uma única alma, condensá-lo num só sentimento – eis o

38. Para o conceito, ver G. Deleuze, *Différence et répétition*, Paris, PUF, 1981, p. 382: "O eterno retorno não é o efeito do Idêntico sobre um mundo tornado semelhante, não é uma ordem exterior imposta ao caos do mundo, o eterno retorno é, ao contrário, a identidade interna do mundo e do caos, o caosmos". [Ed. bras.: *Diferença e repetição*, Trad. Luiz Orlandi e Roberto Macedo. São Paulo, Paz e Terra, 1988.]

39. F. Nietzsche, *Fragments posthumes*, XI, 39 [11], p. 356.

> que deveria constituir uma felicidade que o homem não conheceu nem um pouco até agora.[40]

Ele constitui a fórmula de afirmação do mundo tal qual ele irradia, fixa, sem ordem, enorme tempestade de impulsos, em fluxos e refluxos, que constituem os corpos, como tantos casos fortuitos. O fio condutor do corpo nos entrega à prova do Eterno Retorno, nova paixão, incorporação ao *Fatum*, que afirma a continuidade energética entre os corpos e a cegueira do mundo sem ordem. Se Nietzsche, no limiar da loucura, pode dizer: "Todos os nomes da história, sou eu", é porque toda coisa vivida pressupõe todo o devir, não final, do mundo, é porque, ao afirmar uma só coisa uma só vez, afirma-se simultaneamente e de uma vez por todas o mundo dionisíaco, o mundo da vontade de potência. Dessa forma, cada ser singular encontra-se em linha direta com o processo inteiro:

> Somos mais que o indivíduo, somos toda a corrente, e ainda por cima as tarefas de todos os futuros da corrente.[41]

O Eterno Retorno nietzschiano, enraizado na morfologia da vontade de potência, condensa em um só pensamento, em uma única alma (*Ego fatum*), o ponto da revelação e o próprio processo, cobrindo psicologia e cosmologia, designando a continuidade entre o fio condutor do corpo e a cadeia de uma história tão total como fortuita.

---

40. F. Nietzsche, *Le gai savoir*, V, 337, 10/18, UGE, Paris, 1957, p. 324. [Ed. bras.: *A gaia ciência*, Trad. Paulo César de Souza. São Paulo, Companhia das Letras, 2001.]

41. F. Nietzsche, *Fragments posthumes*, XVIII, 9 [7], p. 21.

Nietzsche mantém a coerência do mundo estóico que ele esvazia integralmente de sua racionalidade providencial. Mesmo que substitua a apatia do sábio estóico pelo tipo inverso do filósofo trespassado, entregue às flutuações ascendentes ou descendentes das impulsões, sua ética permanece estóica: viver em conformidade com os eventos que acontecem, aderir aos eventos que acontecem, mesmo tendo subtraído a organização racional dos eventos, conservando os *confatalia*, sem interpretar racionalmente o *fatum*, conservando a continuidade energética total da energia c(a)ósmica.

Como se ele voltasse à fonte trágica dos estóicos, conservando a ética da adesão, da coincidência – a afirmação do indicativo de um mundo fixo e sem ordem, a afirmação ética de uma coincidência com a vida e com os eventos que acontecem.

Conclusão

Gostaria de ilustrar que a filosofia do antigo estoicismo era irredutível a seu alcance ético, por mais considerável que este tenha sido. Vemos na terceira máxima da moral de Descartes:

> Tratar sempre antes vencer a mim do que o acaso, e antes modificar meus desejos do que a ordem do mundo; e, geralmente, de acostumar-me a crer que não há nada que esteja inteiramente em nosso poder senão nossos pensamentos, de modo que, depois de termos dado o melhor de nós em relação às coisas que nos são exteriores, tudo em que nos falta conseguir é aos nossos olhos absolutamente impossível.[1]

Ela ecoa também na moralidade kantiana.

Dentro dessa primeira filosofia sistemática, a física ocupa um lugar capital, posto que a própria sistematicidade acha seu fundamento em uma natureza inteiramente racional, um cosmos integralmente ligado. Crisipo elaborou uma lógica extremamente complexa, centrada na proposição (*axiôma*), incluindo uma teoria bastante precisa dos predicados (*katègorèmata*), considerados como ditos (*lekta*) incompletos.

1. Descartes, *Discurso do método*, terceira parte.

A lógica estóica, agora parte da filosofia e não mais um simples instrumento, é a primeira a desprender explicitamente a dimensão da frase sob aquela do enunciado: a distinção entre dito completo e dito incompleto propõe assim, dentro do campo da lógica, a primeira análise propriamente sintática, independente da análise das condições de verdade.

A lógica estóica produz entre o estudo dos significantes e o estudo dos significados um ajuste lingüístico exaustivo que constitui o campo necessário de onde extrair a célula canônica do enunciado: *merismas*, lista das partes do enunciado, e análise das virtudes e dos vícios da linguagem no estudo dos significantes, classificações dos predicados e na análise dos significados. Ela compreende ainda uma teoria complexa dos tempos e das proposições simples.

O questionamento categorial constitui a segunda condição que permite elaborar, em uma proposição de máxima determinação, as características próprias de uma situação à qual a representação compreensiva (*phantasia katalèptikè*) fornece o primeiro acesso sensível. Perseguindo o objetivo de uma característica em língua natural de "dizer os fenômenos", os estóicos propõem paradoxalmente uma teoria da linguagem tão sistematicamente elaborada que se torna destacável de seu lugar filosófico original.

De fato, assistiríamos, na seqüência da história do estoicismo, a certa eticização da filosofia e a um relativo desmantelamento, correlativo desse lugar lógico notável[2], do qual um dos efeitos seria a emergência de uma nova disciplina, a gramática, igualmente ligada à emergência e ao desenvolvimento da filologia. A lógica estóica,

2. Ver J. Barnes, *Logic and the Imperial Stoa*, Leyde, Brill, 1997.

e principalmente a obra de Crisipo, seria acusada de formalismo estéril. É o que diz Sêneca, por exemplo:

> [Os filósofos] foram rebaixados a medir suas sílabas, a dissertar sobre as propriedades das conjunções e das preposições; eles competiram com os gramáticos e geômetras; tudo aquilo que existia de inútil nessas ciências eles transplantaram para a sua.
>
> O que aconteceu? Eles souberam praticar melhor a arte de falar do que a arte de viver.[3]

Talvez o declínio da lógica estóica se deva a uma transformação da própria filosofia; talvez, como sugere Bréhier, "sua dialética, por mais paradoxal que pareça, [estava] demasiadamente próxima dos fatos para poder ser fecunda. Ela não [sabia] sair do fato bruto nem pela idéia geral que ela [negava] nem pela lei que ela não [conhecia] ainda, e ela [devia] se contentar em repeti-lo indefinidamente".[4] Bréhier pôde destacar a separação que os estóicos faziam entre dialética e representação compreensiva, e a influência que ela teve sobre a seqüência do estoicismo:

> Os sucessores dos primeiros estóicos, deixando inteiramente de lado a dialética estéril e o raciocínio hipotético, que girava indefinidamente em torno de si mesmo, deveriam cuidar de desenvolver as conseqüências do conhecimento intuitivo, único ativo e real.
>
> Essa teoria satisfaz-se completamente: de início, se considerarmos o conhecimento como atividade, o estoicismo exclusivamente moral dos tempos posteriores

3. Sêneca, *Cartas a Lucílio*, 88, 3.
4. E. Bréhier, *La Théorie des incorporels dans l'ancien stoïcisme*, p. 36.

> que não admite a contemplação senão na medida em que ela pode servir à atividade ou dela depender; em seguida, se considerarmos o conhecimento como apoderamento do real, o estoicismo místico que, em combinação com o platonismo, dá nascimento aos sistemas alexandrinos: ainda o conhecimento intuitivo e inefável do ser dos místicos se aproxima bem mais da contemplação das Idéias.

Para Bréhier, é o "desprezo dos incorpóreos" assinalado por Proclo (mas, será que ele tinha razão?) como uma característica dos estóicos que teria produzido em sua escola "o abandono da lógica discursiva em benefício dos impulsos das atividades moral e religiosa".[5]

É paradoxal que o indizível de Platão suceda a causalidade integral dos estóicos, que banem o indizível tanto como o sem-causa, visto que proposições e raciocínios anunciam exatamente as relações de causalidade.

A filosofia estóica, diz Jacques Brunschwig[6], foi a filosofia "dominante" da época helenística. Influência notavelmente maior que a do epicurismo; imposição, mesmo aos adversários, de um vocabulário e de uma maneira de colocar os problemas; ela se deixa integrar na síntese eclética do acadêmico Antíoco de Ascalão. Além de sua posteridade moral, ela conseguiu uma posteridade filosófica tão ampla que acabou por se tornar invisível. É preciso refletir sobre essa maneira como a filosofia estóica pôde tornar-se a tal ponto dominante que se tornou invisível.

Mas sua posteridade moral, e o "suporta e abstenha-te" não devem ocultar a verdadeira lição ética do estoicismo.

---

5. E. Bréhier, *La Théorie des incorporels dans l'ancien stoïcisme*, p. 62-63.

6. J. Brunschwig, *Les Stoïciens*, p. 513.

No universo estóico, "tudo é dado".[7] Emanação fixa do cosmos. No entanto, nem na teoria do conhecimento, nem na ética, esse *tota simul* do universo provoca uma passividade e um *laisser-aller*. Da mesma forma, na teoria do destino, os estóicos rejeitam "o argumento preguiçoso".[8] Tudo dado não significa "nada a conquistar". Simplesmente, essa conquista, como diz Victor Goldschmidt[9], é "uma passagem do mesmo ao mesmo".

Querer o evento. Viver em conformidade com os eventos que acontecem.

> Ou a moral não tem nenhum sentido ou então é isso que ela quer dizer, ela não tem mais nada a dizer: não ser indigno daquilo que nos acontece.
>
> Ao contrário, apreender aquilo que acontece como injusto e imerecido (a culpa é sempre de alguém), eis o que torna nossas chagas repugnantes, o ressentimento em si, o ressentimento contra o evento. Não existe outra vontade má.[10]

E o estoicismo não tem nada a ver com a resignação, que é ainda uma figura do ressentimento. O que demonstra, como Gilles Deleuze escreveu a respeito do poeta Joe Bousquet,

> [que existe] em todo evento minha infelicidade, mas um esplendor e um brilho que secam a infelicidade, e que fazem que, desejado, o evento se efetue na extremidade mais estreita, no gume de uma operação.[11]

7. V. Goldschmidt, op. cit., p. 55.
8. Cf. "Ética", p. 165.
9. V. Goldschmidt, *Le Système stoïcien et l'idée de temps*, p. 55.
10. G. Deleuze, *Logique du sens*, p. 174-75.
11. Ibidem, p. 175.

Um esplendor e um brilho que seca minha infelicidade.

A metáfora do ator será surpreendente no estoicismo imperial. Ora, o que o ator interpreta nunca é o personagem, mas "um tema (o tema complexo ou o sentido) constituído pelos componentes do evento, singularidades comunicantes efetivamente liberadas dos limites dos indivíduos e das pessoas [...] O ator efetua [...] o evento, mas de uma maneira bem diferente daquela que o evento se efetua na profundidade das coisas. Ou melhor, essa efetuação cósmica, física, ele a reveste com uma outra, a seu modo, singularmente superficial, ainda mais nítida, cortante e pura por isso, que vem delimitar a primeira, desprendendo uma linha abstrata, e não guarda do evento senão o contorno ou o esplendor: tornar-se o ator de seus próprios eventos, contra-efetuação".[12] "O brilho, o esplendor do evento, é o sentido", e esse sentido não está centrado sobre nós.

> Nada muda de uma determinada maneira, exceto uma mudança de vontade, uma espécie de salto no mesmo lugar de todo o corpo que troca sua vontade orgânica por uma vontade espiritual, que quer agora não exatamente o que acontece, mas alguma coisa dentro daquilo que acontece.[13]

12. G. Deleuze, op. cit., p. 176.
13. Ibidem, p. 175.

Bibliografia

Filosofia antiga

Les Présocratiques. Ed. por Jean-Paul Dumont. Paris: Gallimard, 1988. [Bibliotèque de la Pléiade]

HERÁCLITO. *Fragments*. Texto estabelecido, trad. e coment. por Marcel Conche. Paris: PUF, 1998. [Épiméthée]

Les Mégariques: fragments et témoignages. Trad. e coment. por Robert Muller. Paris: Vrin, 1985.

MULLER, Robert. *Introduction à la pensée des mégariques*, Cahiers de Philosophie Ancienne, 6. Paris: Vrin, 1988.

Os pré-socráticos. Sel. de textos de J. C. de Souza. São Paulo: Abril Cultural, 1973.

Platão

Timée-Critias. Trad. de Luc Brisson, Paris: GF-Flammarion, 1991.

Phédon. Trad. de Monique Dixsaut. Paris: GF-Flammarion, 1991.

Œuvres complètes. Trad. de Léon Robin. Paris: Gallimard, 1950. (Bibliotèque de la Pléiade)

Diálogos: O banquete; Fédon; Sofista; Político. Trad. de J. C. de Souza, J. Pallikat e J. C. Costa. São Paulo: Abril Cultural, 1972.

Aristóteles

Physique. Trad. de H. Carteron. Paris: Les Belles Lettres, 1983.

Physique. Trad. de P. Pellegrin. Paris: GF-Flammarion, 2000.

Métaphysique. Trad. de J. Tricot. Paris: Vrin, 1964.

Organon. Tomos I a VI. Trad. de J. Tricot. Paris: Vrin, 1950-1959-1962.

De l'âme. Trad. de J. Tricot. Paris: Vrin, 1982.

De l'âme. Trad. de R. Bodéüs. Paris: GF-Flammarion, 1993.

De anima. Trad. Maria Cecília Gomes dos Reis, São Paulo: Editora 34, 2006.

Os estóicos

SCHUHL, Pierre-Maxime. *Les Stoïciens*. Sel. e trad. de Émile Bréhier. Paris: Gallimard, 1962. (Bibliotèque de la Pléiade)

FDS = HÜLSER, Karlheinz. *Die Fragmente zur Dialektik des Stoiker*. Stuttgart: Frommann-Holzboog, 1987-88. 4 vol.

LS = LONG, A. A.; SEDLEY, D. N. *The Hellenistic Philosophers*. Cambridge: Cambridge University Press, 1987. 2 vol.

SVF = ARNIM, Ioannes Ab. *Stoicorum Veterum Fragmenta*. 4 vol. Stuttgart: Teubner, 1903-1924. Reeditado em 1964.

DL = DIOGENES LAÉRCIO. *Vies et doctrines des philosophes illustres*. Livro VII. Trad. de R. Goulet. Paris: La Pochotèque, 1999. (Le Livre de Poche). [Ed. bras.: *Vidas e doutrinas dos filósofos ilustres*. Trad. Mário da Gama Kury, Brasília, Ed. UnB, 1988, 357p.]

PLOTINO. *Ennéades*. Ed. e trad. de E. Bréhier. Paris: Les Belles Lettres, 1960-1967.

PLUTARCO. *Dialogues pythiques*. Ed. e trad. de Robert Flacelière. Paris: Les Belles Lettres, 1988.

PLUTARCO. Des contradictions des stoïciens; Des notions communes contre les Stoïciens. In: SCHUHL, Pierre-Maxine. *Les Stoïciens*. Paris: Gallimard, 1962. (Bibliotèque de la Pléiade)

____. On Stoic Self-Contradictions; The Stoics Talk more Paradoxically than the Poets; Against the Stoics on Common Conceptions. In: *Moralia*. Vol. XIII, parte II. Trad. de Harold Cherniss. Cambridge (Mass.): Harvard University Press, 1976. Reimpresso em 1993 e 1997.

SÊNECA. *Lettres à Lucilius*. Trad. de Henri Noblot. Paris: Les Belles Lettres., 1969-1971. [Ed. port.: *Cartas a Lucílio*. Lisboa: Fundação Calouste Gulbenkian, 1991].

____. *Lettres à Lucilius*, 1-29. Trad. de Henri Noblot, rev. por Paul Veyne. Paris: Laffont, 1993. (Bouquins)

SEXTO EMPÍRICO. *Esquisses pyrrhoniennes*. Intr., trad. e coment. de Pierre Pellegrin. Paris: Seuil, 1997.

____. *Outlines of Pyrrhonism*. Ed. e trad. de R. G. Bury. Londres; Cambridge: Loeb Classical Library, 1933.

____. *Against the Logicians; Against the Physicists; Against the Ethicists; Against the Professors*. Ed. e trad. de R. G. Bury. Londres; Cambridge: Loeb Classical Library, 1935-1936-1949.

Estudos e comentários em francês

BARATIN, Marc. *La Naissance de la grammaire à Rome*. Paris: Minuit, 1989.

BRÉHIER, Émile. *Chrysippe et l'ancien stoïcisme*. Paris: PUF, 1910. Reeditado em 1951.

____. *La Théorie des incorporels dans l'ancien stoïcisme*. Paris: Vrin, 1928. Sétima edição, 1987.

BRUN, Jean, *Le Stoïcisme*. Paris: PUF, 1958. (Que sais je?) [Ed. port.: *O estoicismo*. Lisboa: Edições 70, 1986.]

BRUNSCHWIG, Jacques (ed.). *Les Stoïciens et leur logique*. Paris: Vrin, 1978.

____. "Le Modèle conjonctif". In: BRUNSCHWIG, Jacques (ed.). *Les Stoïciens et leur logique*. Paris: Vrin, p. 59-86.

____. "La Théorie stoïcienne du genre suprême et l'ontologie platonicienne". In: BARNES, Jonathan; MIGNUCCI, Mario (ed.). *Matter and Metaphysics*, Quarto Simpósio Helenístico, CNR, Centro di Studio del Pensiero Antico, diretto da Gabriele Giannantoni. Nápoles: Bibliopolis, 1988, p. 21-127.

____. "En quel sens le sens commun est-il commun?" In: DHERBEY, G. Romeyer (dir.). *Corp et âme*: sur le *De anima* d'Aristote. Paris: Vrin, 1996, p. 189-218.

____. *Études sur les philosophies hellénistiques*: *épicurisme, stoïcisme, scepticisme*. Paris: PUF, 1995. Particularmente: "Le Modèle conjonctif", p. 161-87. (Épiméthée)

CANTO-SPERBER, Monique (dir.). *Philosophie grecque*. Paris: PUF, 1997. Particularmente: BRUNSCHWIG, Jacques, "Les Stoïciens", p. 511-62.

GOLDSCHMIDT, Victor. *Le Système stoïcien et l'idée de temps*. Paris: Vrin, 1977.

GOULET, Richard. Chrysippe. In: *Dictionnaire des Philosophies Antiques* (*DPhA*), II, C 121. Paris: CNRS Éditions, 1994, p. 329-65. Ver, no mesmo artigo (p. 336-56), a lista comentada por P. Hadot das obras de Crisipo (DL, VII, 189-202).

GOURINAT, Jean-Baptiste. *Les Stoïciens et l'âme*. Paris: PUF, 1996.

ILDEFONSE, Frédérique. *La Naissance de la grammaire dans l'Antiquité grecque*. Paris: Vrin, 1997.

IMBERT, Claude. *Phénoménologies et langues formulaires*. Paris: PUF, 1992. (Épiméthée)

____. *Pour une histoire de la logique*: un héritage platonicien. Paris: PUF, 1999.

LORIES, Danielle. *Le Sens commun et le jugement du* phronimos: Aristote et les Stoïciens. Louvain: Peeters, 1998.

Estudos e comentários em alemão, inglês e italiano

FLASHAR, H. (ed.). *Die hellenistische Philosophie*. Basiléia, 1994 (*Die Stoa*, por Peter Steinmetz, vol. 2). 2 vol.

GRAESER, A. *Zeno von Kition*: Positionen und Probleme. Berlim e Nova York, 1975.

POHLENZ, Max. Zenon und Chrysipp. In: *NGG*, I, 2, 9 (1938), p. 173-210. Republicado em *Kleine Schriften* hrsg. von H. Dörrie. Hildesheim, 1965, t. I, p. 1-38.

____. *Die Stoa*. 2. ed. Göttingen, 1959.

ALGRA, K. et al. (ed.). *The Cambridge History of Hellenistic Philosophy*. Cambridge: Cambridge University Press, 1999.

ANNAS, Julia; BARNES, Jonathan. *The Modes of Scepticism*: Ancient Texts and Modern Interpretations. Cambridge: Cambridge University Press, 1985.

BARNES, Jonathan. *Logic and Imperial Stoa*. Leiden: Brill, 1997.

INWOOD, Brad (ed.). *The Cambridge Companion to the Stoics*. Cambridge: Cambridge University Press, 2003. [Ed. bras.: *Os estóicos*. Trad. de P. F. T. Ferreira e Raul Fiker. São Paulo: Odysseus, 2006.]

FREDE, Michael. "The Stoic Notion of a *Lekton*". In: EVERSON, S. (ed.). *Companions to Ancient Thought 3*: Language. Cambridge: Cambridge University Press, 1994, p. 109-28.

____. The Original Notion of Cause. In: SCHOFIELD et al. *Doubt and Dogmatism*. Oxford: Oxford University Press, 1980. Reimpresso em FREDE, Michael. *Essays in Ancient Philosophy*. Minneapolis, 1987.

GOULD, J. B. *The Philosophy of Chrysippus*. Leiden: Brill, 1970. (Col. Philosophia antiqua, 17)

IERODIAKONOU, K. *Topics in Stoic Philosophy*. Oxford: Oxford University Press, 1999.

LONG, A. Language and Thought in Stoicism. In: LONG, A. *Problems in Stoicism*. Londres: Athlone, 1971.

____. *Stoic Studies*. Cambridge: Cambridge University Press, 1996.

BERRETTONI, P. Il dito roto di Zenone. *Materiali e discussioni per l'analisi dei testi classici* 22, 1989, p. 23-36.